中华人民共和国工会法

注释本

法律出版社法规中心　编

法律出版社
LAW PRESS CHINA
·北　京·

图书在版编目(CIP)数据

中华人民共和国工会法注释本 / 法律出版社法规中心编. -- 5 版. -- 北京 : 法律出版社, 2022(2022.9 重印)

ISBN 978-7-5197-6446-3

Ⅰ. ①中… Ⅱ. ①法… Ⅲ. ①工会法-法律解释-中国 Ⅳ. ①D922.565

中国版本图书馆 CIP 数据核字(2022)第 032051 号

中华人民共和国工会法注释本
ZHONGHUA RENMIN GONGHEGUO GONGHUIFA ZHUSHIBEN

法律出版社法规中心 编

责任编辑 张红蕊 赵雪慧
装帧设计 李 瞻

出版发行 法律出版社
编辑统筹 法规出版分社
责任校对 陶玉霞
责任印制 耿润瑜
经 销 新华书店

开本 850 毫米×1168 毫米 1/32
印张 4.75 **字数** 130 千
版本 2022 年 3 月第 5 版
印次 2022 年 9 月第 3 次印刷
印刷 永清县金鑫印刷有限公司

地址:北京市丰台区莲花池西里 7 号(100073)
网址:www.lawpress.com.cn
投稿邮箱:info@lawpress.com.cn
举报盗版邮箱:jbwq@lawpress.com.cn
销售电话:010-83938349
客服电话:010-83938350
咨询电话:010-63939796

书号:ISBN 978-7-5197-6446-3 **定价**:18.00 元

凡购买本社图书,如有印装错误,我社负责退换。电话:010-83938349

编辑出版说明

现代社会是法治社会，社会发展离不开法治护航，百姓福祉少不了法律保障。遇到问题依法解决，已经成为人们处理矛盾、解决纠纷的不二之选。然而，面对纷繁复杂的法律问题，如何精准、高效地找到法律依据，如何完整、准确地理解和运用法律，日益成为人们“学法、用法”的关键所在。

为了帮助读者快速准确地掌握“学法、用法”的本领，我社开创性地推出了“法律单行本注释本系列”丛书，至今已十余年。本丛书历经多次修订完善，现已出版近百个品种，涵盖了社会生活的重要领域，已经成为广大读者学习法律、应用法律之必选图书。

本丛书具有以下特点：

1. 出版机构权威。成立于1954年的法律出版社，是全国首家法律专业出版机构，始终秉承“为人民传播法律”的宗旨，完整记录了中国法治建设发展的全过程，享有“社会科学类全国一级出版社”等荣誉称号，入选“全国百佳图书出版单位”。

2. 编写人员专业。本丛书皆由相关法律领域内的专业人士编写，并引入匿名审稿评估制度，确保图书内容始终紧跟法治进程，反映最新立法动态，体现条文本义内涵。

3. 法律文本标准。作为专业的法律出版机构，多年来，我社始终使用全国人民代表大会常务委员会公报刊登的法律文本，积淀了丰富的标准法律文本资源，并根据立法进度及时更新相关内容。

4. 条文注解精准。本丛书以立法机关的解读为蓝本，给每个条文提炼出条文主旨，并对重点条文进行注释，使读者能精准掌握立法意图，轻松理解条文内容。

5. 配套附录实用。书末“附录”部分收录的均为重要的相关法律、法规和司法解释，使读者在使用中更为便捷，使全书更为实用。

需要说明的是，本丛书中“适用提要”“条文主旨”“条文注释”等内容皆是编者为方便读者阅读、理解而编写，不同于国家正式通过、颁布的法律文本，不具有法律效力。本丛书不足之处，恳请读者批评指正。

我们用心打磨本丛书，以期待为法律相关专业的学生释法解疑，致力于为每个公民的合法权益撑起法律的保护伞。

法律出版社法规中心

2022年2月

目　　录

附　　录

《中华人民共和国工会法》适用提要

工会既是社会经济矛盾的产物，也是劳动关系矛盾的产物。在资本主义社会，工人阶级和资产阶级的矛盾，最直观的表现是工人和雇主之间的矛盾。工会最基本的活动即是围绕着劳动问题，如提高劳动工资、减少劳动工时、改善劳动待遇等展开的。

社会主义时期的社会经济矛盾也同样集中表现在劳动关系问题上，随着我国社会主义市场经济体制的建立和完善，劳动关系由计划经济下的国家与职工的关系逐步转变为用人单位与职工的关系，并向市场化、契约化方向发展，从而劳动关系主体双方的利益之间也会发生摩擦和冲突。同时，随着对外开放和私营经济的发展，我国社会重新出现了劳资矛盾，这使我国的劳动关系显得更加复杂。在这种情况下，一方面，国家制定有关法律来规范劳动关系主体双方的行为；另一方面，工会以劳动者代表的身份同劳动力使用单位进行协商谈判，协调劳动关系，保护劳动者的合法权益。

有鉴于此，第七届全国人民代表大会第五次会议于 1992 年 4 月 3 日审议通过了《工会法》[①]，并于 2001 年 10 月、2009 年 8 月、2021 年 12 月对其进行了修正。现行《工会法》共分七章，分别是总则、工会组织、工会的权利和义务、基层工会组织、工会的经费和

---

① 为方便读者阅读，本书中法律法规名称均使用简称。

财产、法律责任和附则。其主要内容涉及工会活动的准则及范围，工会的法律地位、组织原则和组织机构，工会的权利和职责，工会经费的收缴与使用等。

《工会法》以保障工会在国家政治、经济和社会生活中的地位，确定工会的权利与义务，发挥工会在社会主义现代化建设事业中的作用为立法目的。其主要规定了以下内容：

（一）突出工会的维权职能，明确规定维护职工合法权益、竭诚服务职工群众是工会的基本职责，并强调工会通过平等协商和集体合同制度以及职工代表大会制度等维权方式来维护职工的政治权利和经济利益。

（二）强化工会组织建设的法律保障，明确规定任何组织和个人不得阻挠、限制职工依法参加和组织工会。

（三）加大对工会干部的保护力度，设置了对工会干部履行职责给予法律保护的具体条款，如罢免工会主席、副主席的程序规定，工会专兼职干部的劳动合同的期限保证规定，以及侵害工会干部权益应承担的法律责任等。

（四）强化工会经费的收缴力度，对侵犯工会的经费和财产拒不返还的行为明确了应承担的法律责任等。

（五）明确工会组织的诉权，对阻挠和限制职工依法行使结社权、对工会干部打击报复等违法行为规定了相应的法律责任。

《劳动法》《劳动合同法》《劳动争议调解仲裁法》等法律中都对工会的权利、职责等相关内容作出了规定。2003 年 6 月，最高人民法院发布了《关于在民事审判工作中适用〈中华人民共和国工会法〉若干问题的解释》（2020 年 12 月修正）。2006 年 12 月，中华全国总工会审议通过了《企业工会工作条例》，结合与工会职责较为相关的《集体合同规定》的内容，为工会行使权利、履行义务和职责提供了较为全面的指导和规制。

2018 年 10 月 26 日，中国工会第十七次全国代表大会审议并一致通过《中国工会章程(修正案)》,该修正案着眼新时代新任务,明确了中国工会以忠诚党的事业、竭诚服务职工为己任。修改后的《中国工会章程》借鉴工会工作和工会改革的经验,对会员的权利和义务、基层工会建设、工会干部队伍、工会经费、资产管理、经费审查监督等部分条文作出适当修改,对于深化工会改革创新,把工会组织建设得更加充满活力、更加坚强有力具有重要意义。

中华人民共和国工会法

（1992 年 4 月 3 日第七届全国人民代表大会第五次会议通过　根据 2001 年 10 月 27 日第九届全国人民代表大会常务委员会第二十四次会议《关于修改〈中华人民共和国工会法〉的决定》第一次修正　根据 2009 年 8 月 27 日第十一届全国人民代表大会常务委员会第十次会议《关于修改部分法律的决定》第二次修正　根据 2021 年 12 月 24 日第十三届全国人民代表大会常务委员会第三十二次会议《关于修改〈中华人民共和国工会法〉的决定》第三次修正）

第一章　总　　则

第一条　【立法目的及依据】[①]为保障工会在国家政治、经济和社会生活中的地位，确定工会的权利与义务，发挥工会在社会主义现代化建设事业中的作用，根据宪法，制定本法。

条文注释[②]

本条是关于本法的立法目的及依据的规定。

《宪法》是国家的根本法，规定国家的根本制度和原则，具有最高的法律效力，是一切立法的依据和准则。《工会法》的任务就是以《宪法》为依据，总结实践经验，将工会的地位、性质、权利义务、职能

---

①② 条文主旨、条文注释为编者所加，下同。

等纳入法治轨道，最大限度地保护广大职工的合法权益。

关联法规

《宪法》序言、第1~2条

第二条 【工会性质及职责】工会是中国共产党领导的职工自愿结合的工人阶级群众组织，是中国共产党联系职工群众的桥梁和纽带。

中华全国总工会及其各工会组织代表职工的利益，依法维护职工的合法权益。

条文注释

本条是关于工会性质及职责的规定。

工会的性质，是指工会的本质特征，是工会组织区别于其他社会组织的根本标志。我国工会是职工自愿结合的工人阶级群众组织，这一规定表明了中国工会具有阶级性、群众性、自愿性的特征。

本条第2款规定了工会的基本职责是代表职工的利益，维护职工的合法权益。这是工会组织在职责上区别于其他单位的根本特征，突出工会代表职工的利益，维护职工合法权益的职责，是工会自身性质的客观要求。

第三条 【劳动者参加和组织工会的权利】在中国境内的企业、事业单位、机关、社会组织（以下统称用人单位）中以工资收入为主要生活来源的劳动者，不分民族、种族、性别、职业、宗教信仰、教育程度，都有依法参加和组织工会的权利。任何组织和个人不得阻挠和限制。

工会适应企业组织形式、职工队伍结构、劳动关系、就业形态等方面的发展变化，依法维护劳动者参加和组织工会的权利。

条文注释

本条是关于劳动者参加和组织工会的权利的规定。

结社权是我国公民所享有的一项基本政治权利和自由，是指公民享有为了一定的宗旨而依照法律规定的程序参加或者组建某种社会团体的权利，并享有以该社会团体或其成员的名义依法开展活动的权利和自由。本条在《宪法》有关结社权规定的基础上，对劳动者参加和组建工会的权利作了具体规定，对劳动者的这一权利，任何组织和个人不得阻挠和限制。

本条所称的“企业”，主要包括国有企业、集体所有制企业、合伙企业、私营企业、外商投资企业、有限责任公司、股份有限公司等。“事业单位”，主要包括学校、文化机构、医院、科研院所等单位。“机关”，主要包括国家权力机关、行政机关等。“以工资收入为主要生活来源”，主要是指生活费用支出的大部分是依赖于个人的工资、津贴、奖金或者其他工资性收入。

关联法规

《宪法》第35条

《中国工会章程》第1条

第四条 【工会活动准则】工会必须遵守和维护宪法，以宪法为根本的活动准则，以经济建设为中心，坚持社会主义道路，坚持人民民主专政，坚持中国共产党的领导，坚持马克思列宁主义、毛泽东思想、邓小平理论、“三个代表”重要思想、科学发展观、习近平新时代中国特色社会主义思想，坚持改革开放，保持和增强政治性、先进性、群众性，依照工会章程独立自主地开展工作。

工会会员全国代表大会制定或者修改《中国工会章程》，章程不得与宪法和法律相抵触。

国家保护工会的合法权益不受侵犯。

条文注释

本条是关于工会活动准则以及制定、修改《中国工会章程》的基本原则的规定。

工会作为一个社会团体,必须以《宪法》为根本的活动准则,必须在《宪法》规定的范围内开展活动。同时,工会又有权独立开展活动。工会独立自主开展工作,主要包括三个方面的内容,即组织独立、活动独立和财务独立。“组织独立”,是指工会有自己的组织机构、组织领导和组织系统,是一个独立的组织。“活动独立”,是指工会的活动内容、活动方式和活动要求,均由工会自主决定。“财务独立”,是指工会可以通过内部规定和程序自行处理经费的收缴和使用,其他组织和个人不得非法干预。

工会有权制定或者修改《中国工会章程》。《中国工会章程》是中国工会及其会员的行为规范,是中国工会与其会员的权利义务的载体,其内容不得与《宪法》和有关法律相抵触。

工会的合法权益受国家保护,任何个人或者组织不得侵犯工会的合法权益。

第五条 【工会行使职权的依据】工会组织和教育职工依照宪法和法律的规定行使民主权利,发挥国家主人翁的作用,通过各种途径和形式,参与管理国家事务、管理经济和文化事业、管理社会事务;协助人民政府开展工作,维护工人阶级领导的、以工农联盟为基础的人民民主专政的社会主义国家政权。

条文注释

本条是关于工会行使职权的依据的规定。

《宪法》规定,我国是工人阶级领导的、以工农联盟为基础的人民民主专政的社会主义国家。这就决定了工人阶级的国家主人翁地位,工人阶级有权参与各项管理。因此,工会作为职工利益的代表者,应当以自己的方式组织广大职工参与管理国家事务、管理经济和文化事业、管理社会事务。工会应当成为广大职工有组织、有纪律、有领导地参政议政的民主政治形式之一。

政府是国家权力机关的执行机关，承担着管理社会事务的职能。各级政府是为人民服务的政府，工会是为职工服务的群众组织。工会与政府在维护全国人民利益和工人阶级利益上是完全一致的。工会作为工人阶级的群众组织，理应协助政府开展工作，维护政府权威。

第六条 【工会的基本职责】维护职工合法权益、竭诚服务职工群众是工会的基本职责。工会在维护全国人民总体利益的同时，代表和维护职工的合法权益。

工会通过平等协商和集体合同制度等，推动健全劳动关系协调机制，维护职工劳动权益，构建和谐劳动关系。

工会依照法律规定通过职工代表大会或者其他形式，组织职工参与本单位的民主选举、民主协商、民主决策、民主管理和民主监督。

工会建立联系广泛、服务职工的工会工作体系，密切联系职工，听取和反映职工的意见和要求，关心职工的生活，帮助职工解决困难，全心全意为职工服务。

条文注释

本条是关于工会基本职责的规定。

平等协商，是企业工会代表职工与企业就涉及职工合法权益等事项进行商谈的行为。企业工会应当与企业建立平等协商制度，定期或不定期就涉及职工合法权益的事项进行协商。

集体合同，是集体协商双方代表根据法律、法规的规定，就劳动报酬、工作时间、休息休假、劳动安全卫生、保险福利等事项在平等协商一致的基础上签订的书面协议。

职工民主管理，是职工依照《宪法》和有关法律规定，通过一定的组织形式，参加企(事)业管理，行使民主权利的活动。

工会应关心职工的切身利益，为职工办好事、办实事，协同用人单位畅通民主管理渠道，将职工的知情权、参与权、管理权和监督权真正落到实处，实现民主沟通效能。

关联法规

《劳动合同法》第51～56条

《公司法》第18条

《集体合同规定》

第七条 【建设、教育职能】工会动员和组织职工积极参加经济建设，努力完成生产任务和工作任务。教育职工不断提高思想道德、技术业务和科学文化素质，建设有理想、有道德、有文化、有纪律的职工队伍。

条文注释

本条是关于工会的建设、教育两项职能的规定。

首先，工会作为工人阶级的群众组织，应当发动和组织广大职工积极参加经济建设，努力完成生产任务和工作任务。通过发动和组织劳动竞赛、技术革新、技术协作等群众性生产和技术进步活动，提高劳动生产率和经济效益，确保和促进生产计划的全面完成。

其次，工会应加强对职工的思想道德、技术业务和科学文化素质教育，使职工成为有理想、有道德、有文化、有纪律的劳动者，通过日常工作和各种群众活动，教育和团结广大职工，为我国的经济发展和社会进步提供精神动力和智力支持。

第八条 【推动产业工人队伍建设改革】工会推动产业工人队伍建设改革，提高产业工人队伍整体素质，发挥产业工人骨干作用，维护产业工人合法权益，保障产业工人主人翁地位，造就一支有理想守信念、懂技术会创新、敢担当讲奉献的宏大产业工人队伍。

条文注释

本条是关于工会推动产业工人队伍建设改革的规定。

产业工人，是指在现代工厂、矿山、交通运输等企业中从事集体生产劳动,以工资收入为生活来源的工人。产业工人是工人阶级中发挥支撑作用的主体力量,是创造社会财富的中坚力量,是创新驱动发展的骨干力量,是实施制造强国战略的有生力量。推进产业工人队伍建设改革,是工会组织落实党中央指示精神的必然要求,也是自身的职责任务所在。产业工人队伍建设改革的思想引领是工会的政治责任,建功立业是工会组织动员职工发挥主力军作用的重要途径,素质提升是发挥工会教育职能的重要内容,地位提高是工会履行维护职工合法权益、竭诚服务职工基本职责的题中应有之义,队伍壮大是最大限度把广大产业工人组织吸收到工会组织中来、团结在党的周围的基础和保障。

第九条 【对外交往原则】中华全国总工会根据独立、平等、互相尊重、互不干涉内部事务的原则,加强同各国工会组织的友好合作关系。

条文注释

本条是关于中华全国总工会的对外交往原则的规定。

独立原则,是指每个国家或地区的工会都有权立足于本国或本地区的情况和广大工会会员及职工的愿望,形成自身的发展模式,确定自己的对外政策,以各自的方式方法,从事自己的工会业务,任何他国或地区的工会,甚至是国际工会组织,都不应进行干预。平等原则,是指每个国家或地区的工会,无论大小强弱,都有平等地位和权利,都可以平等参与协商解决国际工会事务。互相尊重原则,是指每个国家或地区的工会不得歧视任何别国或地区的工会,应当充分理解别国或地区的工会的发展模式和内部政策。互不干涉内政原则,是指每个国家或地区的工会都有权根据本国或本地区的具体情况和广大工人的愿望,选择自己的发展模式,确定自己的政策,别国或地区的工会和国际工会组织不得以任何借口对其工会的内部事务进行干涉。

第二章　工会组织

第十条　【工会组织原则】工会各级组织按照民主集中制原则建立。

各级工会委员会由会员大会或者会员代表大会民主选举产生。企业主要负责人的近亲属不得作为本企业基层工会委员会成员的人选。

各级工会委员会向同级会员大会或者会员代表大会负责并报告工作,接受其监督。

工会会员大会或者会员代表大会有权撤换或者罢免其所选举的代表或者工会委员会组成人员。

上级工会组织领导下级工会组织。

条文注释

本条是关于工会组织原则的规定。

工会的组织原则是民主集中制。民主集中制是在民主的基础上实行集中。工会组织和会员都必须按照这项原则进行活动。

本条明确了各级工会委员会与同级会员大会或者会员代表大会的关系。会员大会和会员代表大会高于工会的各级委员会,代表大会决定工会委员会的组成和工作任务;各级工会委员会在大会闭会期间主持工会的日常工作,向大会负责,接受全体会员的监督。在选举工会委员会成员时,本条作了限制性规定:企业主要负责人的近亲属不得作为本企业基层工会委员会成员的人选,这有利于基层工会独立自主地开展工作,体现工会组织的独立性。

工会会员大会或者会员代表大会有权撤换或者罢免其所选举的代表或者工会委员会组成人员,撤换和罢免是工会会员对会员代表和工会委员会委员、会员代表对工会委员会委员实施监督的有效形式之一。工会会员认为会员代表或者工会委员有违法、违反章程或者失职、不称职等行为,可以要求撤换或者罢免其选举的代表或者委员;会员代表认为工会委员有违法、违反章程或者有失职、不称职等行为,也可以要求撤换或者罢免。

关联法规

《企业工会工作条例》第9、11、12、14条

第十一条 【各级工会组织的建立】用人单位有会员二十五人以上的,应当建立基层工会委员会;不足二十五人的,可以单独建立基层工会委员会,也可以由两个以上单位的会员联合建立基层工会委员会,也可以选举组织员一人,组织会员开展活动。女职工人数较多的,可以建立工会女职工委员会,在同级工会领导下开展工作;女职工人数较少的,可以在工会委员会中设女职工委员。

企业职工较多的乡镇、城市街道,可以建立基层工会的联合会。

县级以上地方建立地方各级总工会。

同一行业或者性质相近的几个行业,可以根据需要建立全国的或者地方的产业工会。

全国建立统一的中华全国总工会。

条文注释

本条是关于各级工会组织建立的规定。

第1款规定了基层工会委员会设立的条件。基层工会委员会由基层工会组织的会员大会或会员代表大会依照《工会法》和《中国工会章程》定期选举产生。为了加强对女职工权益的保护,本款规定了可以建立女职工委员会或者设置女职工委员的不同情形。

为了最大限度地把职工组织到工会中来,本条第2款规定,企业职工较多的乡镇、城市街道,可以建立基层工会的联合会。

第3款规定了地方各级总工会的建立原则,即按照国家行政区

划在县级行政区域以上建立地方各级总工会。

第4款规定了全国或者地方产业工会的设置原则，即同一行业或者性质相近的几个行业，可以根据需要建立全国的或者地方的产业工会。

第5款规定，全国建立统一的中华全国总工会。依法成立的工会组织，都在中华全国总工会的统一领导之下，没有例外。这既有利于维护工人阶级队伍的团结，也有利于维护职工群众的合法权益。

关联法规

《企业工会工作条例》第6、7、42条

第十二条　【工会组织的建立报批及帮助指导】基层工会、地方各级总工会、全国或者地方产业工会组织的建立，必须报上一级工会批准。

上级工会可以派员帮助和指导企业职工组建工会，任何单位和个人不得阻挠。

条文注释

本条是关于工会组织的建立报批及上级工会帮助指导组建工会的规定。

第1款规定了基层工会、地方各级总工会、全国产业工会和地方产业工会的建立需要报上一级工会批准的程序。省、自治区、直辖市地方总工会的建立要报中华全国总工会批准；自治州、市、县总工会的建立要报省、自治区、直辖市总工会批准；自治州所辖市、县总工会的建立要报自治州总工会批准。全国产业工会的建立要报全国总工会批准，地方产业工会的建立，应根据其特点报地方同级总工会或者上级产业工会批准。

第2款把上级工会可以派员帮助和指导企业职工组建工会作为上级工会的一项权利，明确规定任何单位和个人不得阻挠。这有利于推动基层工会的建立，把广大职工团结到工会中来，发挥工会组织在维护职工权益和促进用人单位生产经营方面的作用。

第十三条 【工会撤销及会籍处理】任何组织和个人不得随意撤销、合并工会组织。

基层工会所在的用人单位终止或者被撤销,该工会组织相应撤销,并报告上一级工会。

依前款规定被撤销的工会,其会员的会籍可以继续保留,具体管理办法由中华全国总工会制定。

条文注释

本条是关于工会撤销程序和工会会员会籍处理办法的规定。

工会作为依法建立的社会组织,国家法律保护其合法权益,任何组织和个人不得随意撤销、合并工会组织。即使在机构改革中,工会组织也不能随意撤销、合并。

工会组织在终止和撤销时,要符合特定的条件,并依照法定的程序报告。被撤销工会会员的会籍可以保留,具体办法由中华全国总工会制定。对此,《中国工会章程》有相应的规定。

关联法规

《企业工会工作条例》第7条

《中国工会章程》第16条

第十四条 【专职工会主席及工作人员的确定】职工二百人以上的企业、事业单位、社会组织的工会,可以设专职工会主席。工会专职工作人员的人数由工会与企业、事业单位、社会组织协商确定。

条文注释

本条是关于专职工会主席及工作人员确定的规定。

企业、事业单位、社会组织需要保持一定数量的工会工作人员以发挥工会的作用。企业、事业单位、社会组织中的工会工作人员根据需要,可以是专职,也可以是兼职。工会专职工作人员的人数由工会与企业、事业单位、社会组织协商确定。

关联法规

《企业工会工作条例》第13、23条

《企业工会主席产生办法(试行)》第6、21条

第十五条　【法人资格】中华全国总工会、地方总工会、产业工会具有社会团体法人资格。

基层工会组织具备民法典规定的法人条件的,依法取得社会团体法人资格。

条文注释

本条是关于工会法人资格的规定。

法人是具有民事权利能力和民事行为能力,依法独立享有民事权利和承担民事义务的组织。

根据《民法典》的规定,具备法人条件,基于会员共同意愿,为公益目的或者会员共同利益等非营利目的设立的社会团体,经依法登记成立,取得社会团体法人资格;依法不需要办理法人登记的,从成立之日起,具有社会团体法人资格。

工会属于社会团体法人,对工会法人资格的取得,本条区分了两种情况:(1)中华全国总工会、地方总工会、产业工会,自成立之日起具有社会团体法人资格,不需要办理工会法人资格登记。(2)基层工会组织具备法人条件的,需要办理工会法人资格登记,经申报核准,依法取得工会法人资格。

关联法规

《民法典》第58、90条

《最高人民法院关于在民事审判工作中适用〈中华人民共和国工会法〉若干问题的解释》第1条

《基层工会法人资格登记办法》

第十六条 【工会委员会任期】基层工会委员会每届任期三年或者五年。各级地方总工会委员会和产业工会委员会每届任期五年。

条文注释

本条是关于工会委员会任期的规定。

基层工会委员会的任期根据不同情况分3年或者5年,具体任期由会员大会或者会员代表大会决定。

各级地方总工会委员会和产业工会委员会每届任期5年。各级地方工会,包括省、自治区、直辖市、县、市的总工会。这些地方总工会及产业工会委员会的任期均是5年。另外,根据《中国工会章程》规定,全国委员会每届任期也是5年。任期届满,应当如期召开会议,进行换届选举。

关联法规

《中国工会章程》第26条

第十七条 【基层工会委员会会议的召开】基层工会委员会定期召开会员大会或者会员代表大会,讨论决定工会工作的重大问题。经基层工会委员会或者三分之一以上的工会会员提议,可以临时召开会员大会或者会员代表大会。

条文注释

本条是关于基层工会委员会会议召开的规定。

基层工会委员会应当定期召开会员大会或者会员代表大会,讨论决定工会工作的重大问题。除定期召开会议外,遇到一些临时出现的、应当经工会会员大会或者会员代表大会决定的重大事项,经基层工会委员会或者1/3以上会员提议,可以决定临时召开会员大会或会员代表大会。

关联法规

《中国工会章程》第26条

《基层工会会员代表大会条例》第5条

第十八条 【工会主席、副主席工作调动限制】工会主席、副主席任期未满时，不得随意调动其工作。因工作需要调动时，应当征得本级工会委员会和上一级工会的同意。

罢免工会主席、副主席必须召开会员大会或者会员代表大会讨论，非经会员大会全体会员或者会员代表大会全体代表过半数通过，不得罢免。

条文注释

本条是关于工会主席、副主席在任职期间调动或罢免的规定。

根据本条规定，工会主席、副主席任期未满时，不得随意调动其工作；因工作需要调动时，只能由民主选举其产生的工会委员会和批准该委员会成立的上一级工会决定。这是工会工作者依法独立自主开展工作的保障。有关部门在调动工会主席、副主席的工作时，要充分尊重工会会员大会或会员代表大会的民主意志，保障工会主席、副主席依法履行会员赋予的职责。

罢免工会主席、副主席也应当遵循法定的程序。根据本条规定，罢免工会主席或者副主席，必须由会员大会或者会员代表大会讨论决定，非经会员大会全体会员或者会员代表大会全体代表过半数通过，不得罢免。工会主席是由会员大会全体会员或者会员代表大会全体代表过半数通过选举产生的，所以罢免也必须经过这一程序。

关联法规

《工会法》第 52 条

《企业工会工作条例》第 28 条

《企业工会主席产生办法(试行)》第 22 条

第十九条　【基层工会主席、副主席或委员劳动合同期限的规定】基层工会专职主席、副主席或者委员自任职之日起，其劳动合同期限自动延长，延长期限相当于其任职期间；非专职主席、副主席或者委员自任职之日起，其尚未履行的劳动合同期限短于任期的，劳动合同期限自动延长至任期期满。但是，任职期间个人严重过失或者达到法定退休年龄的除外。

条文注释

基层工会干部因维护职工合法权益，往往会与用人单位发生矛盾，甚至受到打击报复。本条对基层工会主席、副主席或委员的劳动权益保护作了规定。

根据本条规定，当职工被选举为专职的工会主席、副主席或者委员时，其原来与用人单位签订的劳动合同期限自动延长，延长的时间等于其担任专职工会主席、副主席和委员的期限。即当专职主席、副主席或者委员任期届满后，原来尚未履行的劳动合同期限再继续履行。专职主席、副主席或者委员连选连任后，其劳动合同继续延长。

经民主选举产生的工会主席、副主席或者委员如果是非专职的，当其尚未履行的劳动合同期限少于工会职务任期时，其劳动合同期限自动延长至任期期满；当其劳动合同期限多于工会职务的任期时，则不存在劳动合同期限延长的问题。

对于任职期间个人严重过失或者达到法定退休年龄的工会工作者，劳动合同期限不予延长。所谓"个人严重过失"，是指具有《劳动法》第25条规定的情形：严重违反劳动纪律或者用人单位规章制度的；严重失职，营私舞弊，对用人单位利益造成重大损害的；被依法追究刑事责任的。

关联法规

《企业工会工作条例》第28条

《最高人民法院关于在民事审判工作中适用〈中华人民共和国工会法〉若干问题的解释》第2条

第三章　工会的权利和义务

第二十条　【工会监督权】企业、事业单位、社会组织违反职工代表大会制度和其他民主管理制度，工会有权要求纠正，保障职工依法行使民主管理的权利。

法律、法规规定应当提交职工大会或者职工代表大会审议、通过、决定的事项，企业、事业单位、社会组织应当依法办理。

条文注释

本条是关于工会监督企业、事业单位、社会组织落实职工民主管理权利的规定。

工会对企业、事业单位、社会组织的民主管理有监督权。国家的法律法规对职工的民主权利作了相应的规定，企业、事业单位、社会组织必须依法办事。企业、事业单位、社会组织应当建立职工代表大会制度或者其他民主管理制度，保证职工依法行使民主管理权利；不得违反职工代表大会制度或者其他民主管理制度，以保证职工的民主管理权利落到实处。

国有企业的工会委员会是职工代表大会的工作机构，负责职工代表大会的日常工作，检查、督促职工代表大会决议的执行。集体企业的工会委员会应当支持职工依法行使选举和罢免管理人员、决定经营管理等重大问题的权利。其他的企业以及事业单位的工会委员会也应当组织职工采取相应的形式参与企业、事业单位、社会组织的民主管理，以保证职工民主权利的实现。对于企业、事业单位、社会组织侵犯职工民主管理权利的，工会有权要求纠正。

凡是法律、法规已经明确规定必须提交职工大会或者职工代表大会审议、通过、决定的事项，企业、事业单位、社会组织必须依法办理。对用人单位的违法行为，工会组织有权要求政府有关部门或司法机关处理。

关联法规

《宪法》第16、17条

《全民所有制工业企业法》第10、11、49～53条

《公司法》第18条

《劳动法》第8条

《安全生产法》第7条

第二十一条　【劳动合同指导、集体合同代签与争议处理】 工会帮助、指导职工与企业、实行企业化管理的事业单位、社会组织签订劳动合同。

工会代表职工与企业、实行企业化管理的事业单位、社会组织进行平等协商，依法签订集体合同。集体合同草案应当提交职工代表大会或者全体职工讨论通过。

工会签订集体合同，上级工会应当给予支持和帮助。

企业、事业单位、社会组织违反集体合同，侵犯职工劳动权益的，工会可以依法要求企业、事业单位、社会组织予以改正并承担责任；因履行集体合同发生争议，经协商解决不成的，工会可以向劳动争议仲裁机构提请仲裁，仲裁机构不予受理或者对仲裁裁决不服的，可以向人民法院提起诉讼。

条文注释

本条规定了工会维护职工劳动权益的两项重要的劳动法律制度:劳动合同制度和集体合同制度。

劳动合同是职工与用人单位依照法律规定签订的确定双方劳动关系、明确双方权利义务的协议。劳动合同的内容直接涉及职工的就业、工作时间、劳动报酬、劳动安全卫生及保险福利等事项。工会帮助、指导职工签订劳动合同，是维护职工合法权益的具体措施。需要注意的是，工会不能包办代替职工签订劳动合同，而应当通过宣传普及劳动合同知识，使职工明确自己在劳动关系中享有的权利和应当履行的义务，在了解劳动合同应具备的条款以及违反劳动合

同的法律责任等情况下，由职工自己签订。工会还可以在签订劳动合同问题上为职工提供法律咨询和法律服务。

集体合同制度是工会维护劳动者合法权益的重要手段，是协调劳动关系的有效机制，是企业劳动关系稳定和生产经营发展的重要保障，是民主制度建设的重要途径。工会代表职工与企事业单位协商签订集体合同，涉及职工的切身利益，工会应当在调查研究和广泛征求职工意见的基础上，就集体合同草案的主要内容及其确定依据、双方各自承担的主要义务等向职工作出说明。集体合同草案应当提交职工代表大会或者全体职工讨论通过。集体合同生效后，当事人双方必须严格履行，任何一方都不得随意变更或解除。当发现用人单位违反集体合同规定，侵犯了职工合法权益时，工会应当与用人单位进行交涉，要求其履行集体合同规定的义务并承担违约责任。如果用人单位不履行应尽的责任，工会有权利也有义务按照劳动争议的处理程序申请仲裁，直至向法院起诉。

关联法规

《劳动合同法》第 51 ~ 56 条

《劳动争议调解仲裁法》

《集体合同规定》

《企业工会工作条例》第 30 ~ 32 条

《工资集体协商试行办法》

《工会参加平等协商和签订集体合同试行办法》

第二十二条　【对用人单位有关人事管理权的监督】企业、事业单位、社会组织处分职工，工会认为不适当的，有权提出意见。

用人单位单方面解除职工劳动合同时，应当事先将理由通知工会，工会认为用人单位违反法律、法规和有关合同，要求重新研究处理时，用人单位应当研究工会的意见，并将处理结果书面通知工会。

职工认为用人单位侵犯其劳动权益而申请劳动争议仲裁或者向人民法院提起诉讼的，工会应当给予支持和帮助。

条文注释

本条是关于工会监督用人单位有关人事管理权的规定。

本条规定明确了工会的三项权利:(1)关于工会对企业、事业单位、社会组织处分职工提出意见的权利。主要侧重于工会认为不适当的情形。(2)在用人单位单方面解除职工劳动合同时,应当事先将理由通知工会,工会认为用人单位有违反法律、法规和有关合同的情形,可以要求重新研究处理。用人单位应当将对工会意见的处理结果通知工会。这既适用于各类企业,也适用于实行企业化管理的事业单位。(3)工会对职工依法申请仲裁和提起诉讼给予支持和帮助。在这一方面,工会可以帮助或者代职工草拟仲裁申请书、起诉书;可以代请律师帮助职工参加仲裁或诉讼活动;可以给予困难职工以经济援助等。对工会给予职工支持和帮助的行为,劳动争议仲裁机构和人民法院应当认可其身份,并依法实现其相应权利。

关联法规

《劳动法》第 30 条

《劳动合同法》第 43、78 条

《工会劳动法律监督办法》第 9 条

《最高人民法院关于审理劳动争议案件适用法律问题的解释(一)》第 47 条

第二十三条 【法律监督权和交涉权】企业、事业单位、社会组织违反劳动法律法规规定,有下列侵犯职工劳动权益情形,工会应当代表职工与企业、事业单位、社会组织交涉,要求企业、事业单位、社会组织采取措施予以改正;企业、事业单位、社会组织应当予以研究处理,并向工会作出答复;企业、事业单位、社会组织拒不改正的,工会可以提请当地人民政府依法作出处理:

(一)克扣、拖欠职工工资的;

(二)不提供劳动安全卫生条件的;

（三）随意延长劳动时间的；
（四）侵犯女职工和未成年工特殊权益的；
（五）其他严重侵犯职工劳动权益的。

条文注释

本条规定了工会对企业、事业单位、社会组织执行劳动法律、法规的监督权利，并指明了相应的处理程序。

工会监督的内容涉及工资、安全卫生、劳动条件、工作时间以及女职工和未成年工的特殊权益等劳动关系各个方面的问题。对用人单位侵犯职工劳动权益的行为，工会有权代表职工与企业、事业单位、社会组织交涉，要求其采取措施予以改正。如企业、事业单位、社会组织拒不改正的，工会有权请求当地人民政府依法作出处理。政府相关部门应当依法对此进行处罚，情节严重的，还应当追究有关责任人员的刑事责任。

关联法规

《劳动合同法》第73～79条
《劳动保障监察条例》
《工会劳动法律监督办法》第9、10条

第二十四条　【对劳动条件和安全卫生设施的监督权】工会依照国家规定对新建、扩建企业和技术改造工程中的劳动条件和安全卫生设施与主体工程同时设计、同时施工、同时投产使用进行监督。对工会提出的意见，企业或者主管部门应当认真处理，并将处理结果书面通知工会。

条文注释

本条是关于工会对新建、扩建企业和技术改造工程中的劳动条件和安全卫生设施的监督权的规定。

职工从事生产劳动，必须有相应的劳动条件和安全卫生设施。根据国家有关规定，新建企业、扩建企业、技术改造工程的主体工程应与安全卫生设施同时设计、同时施工、同时投产，以确保职工的身体健康和生命安全。工会在贯彻这些规定的过程中，既可以在设计阶段、施工阶段提出意见，也可以在投产前的检查验收阶段提出意见。对未按国家规定同时配套安全卫生设施的，可以建议停止施工、投产，要求施工部门依法改善劳动条件。企业或主管部门对工会提出的意见，应当认真研究、处理，对确有法律依据的，应按工会的意见处理，并将处理结果书面通知工会。

关联法规

《劳动法》第53条

《职业病防治法》第18条

《矿山安全法》第7条

《使用有毒物品作业场所劳动保护条例》第13条

第二十五条　【安全生产建议权】工会发现企业违章指挥、强令工人冒险作业，或者生产过程中发现明显重大事故隐患和职业危害，有权提出解决的建议，企业应当及时研究答复；发现危及职工生命安全的情况时，工会有权向企业建议组织职工撤离危险现场，企业必须及时作出处理决定。

条文注释

本条是关于工会在安全生产中提出建议权的规定。

“违章指挥”，是指企业在生产过程中，不遵守国家关于安全生产和工业卫生方面的安全规程或规章制度，命令或指挥工人违章操作或冒险作业。“明显重大事故隐患”，是指在生产过程中或作业现场已经存在非常明显的事故苗头，如果不采取措施，将致人重伤、死亡或给国家财产造成重大损失。“职业危害”，是指在生产过程中或作业场所存在危害职工身体健康的尘毒危害和工业性毒物，如果不采取措施，将直接危害职工生命健康。对于工会提出的建议，企业应当及时研究，并将处理结果通知工会。

当工会发现危及职工生命安全的情况时，必须及时作出反应，建议停止违章指挥，将职工撤离危险现场。工会在发现危及职工生命安全情况时，不是直接组织职工撤离危险现场，而是向企业、现场指挥者和职工晓以利害，指出危险的严重性，建议企业组织职工撤离或要求职工自行撤离。

关联法规

《安全生产法》第60条

《职业病防治法》第40条

《企业工会工作条例》第39条

第二十六条　【调查权】工会有权对企业、事业单位、社会组织侵犯职工合法权益的问题进行调查，有关单位应当予以协助。

条文注释

本条是关于工会调查权的规定。

根据本条规定，各级工会组织只要发现或者接到举报企业、事业单位、社会组织有对职工合法权益进行侵害的行为发生，就有权进入企事业单位进行调查。工会行使调查权时，可以派出代表，持有关工会组织的证明。调查可以有多种形式，既可以询问有关人员取得第一手资料，也可以实地调查取证，掌握企业、事业单位、社会组织侵犯职工合法权益的起因、过程及造成后果的事实材料，为依法提出工会的处理意见准备事实根据。

企业、事业单位、社会组织对工会的调查要予以协助，为工会调查提供所需的帮助，包括提供各种资料、如实说明有关情况等，不得隐瞒事实真相、不得故意设置障碍。

关联法规

《使用有毒物品作业场所劳动保护条例》第8条

《工会劳动法律监督办法》第8条

第二十七条　【对工伤的调查处理权】职工因工伤亡事故和其他严重危害职工健康问题的调查处理，必须有工会参加。工会应当向有关部门提出处理意见，并有权要求追究直接负责的主管人员和有关责任人员的责任。对工会提出的意见，应当及时研究，给予答复。

条文注释

本条是关于工会参加职工因工伤亡事故及其他严重危害职工健康问题调查处理的规定。

工会参加职工因工伤亡事故和其他严重危害职工健康问题的调查处理，这既是工会的权利，也是工会的义务。工会对工伤事故等严重危害职工健康的问题，不但要行使调查权，还要行使处理权，对造成事故的直接负责的主管人员和有关责任人员，有权要求追究其法律责任，这进一步强调了参加职工因工伤亡事故及其他严重危害职工健康问题的调查处理是工会不可推卸的职责。

关联法规

《安全生产法》第60条

《职业病防治法》第40条

《工伤保险条例》第17、19、24、53条

《生产安全事故报告和调查处理条例》第6、22条

《使用有毒物品作业场所劳动保护条例》第8条

第二十八条　【参与解决停工、怠工事件】企业、事业单位、社会组织发生停工、怠工事件，工会应当代表职工同企业、事业单位、社会组织或者有关方面协商，反映职工的意见和要求并提出解决意见。对于职工的合理要求，企业、事业单位、社会组织应当予以解决。工会协助企业、事业单位、社会组织做好工作，尽快恢复生产、工作秩序。

条文注释

本条是关于工会参与解决停工、怠工事件的规定。

在处理企业、事业单位、社会组织发生的停工、怠工事件中，工会应当代表和维护职工的利益，反映职工的意见要求并提出解决意见，对职工提出的合理要求又理应解决的部分，要代表职工与有关方面进行协商，及时解决问题，满足职工的愿望和要求，避免矛盾激化。同时，要教育和引导职工尽早投入生产和工作，恢复正常的生产和工作秩序。只有正确处理好单位与职工的关系，妥善解决好矛盾，才能避免发生重大恶性事件，维护生产正常进行，促进社会安定和经济发展。

关联法规

《企业工会工作条例》第 40 条

第二十九条 【参与劳动争议调解】工会参加企业的劳动争议调解工作。

地方劳动争议仲裁组织应当有同级工会代表参加。

条文注释

本条是关于工会参与劳动争议调解工作的规定。

企业可以设立劳动争议调解委员会，负责处理本企业发生的劳动争议。调解委员会的组成人员为职工代表、企业代表和工会代表，企业劳动争议调解委员会主任由工会成员或者双方推举的人员担任。

劳动争议仲裁委员会负责管辖本区域内发生的劳动争议。劳动争议仲裁委员会由劳动行政部门代表、工会代表和企业方面代表组成。工会代表参加劳动争议仲裁组织，依法维护职工的合法权益，有利于劳动争议仲裁委员会听取各方面意见，正确行使仲裁权，解决劳动争议。

关联法规

《劳动法》第 80、81 条

《劳动争议调解仲裁法》第 8、10、19 条

《工会参与劳动争议处理试行办法》

第三十条　【法律服务】县级以上各级总工会依法为所属工会和职工提供法律援助等法律服务。

条文注释

本条是关于县级以上各级总工会为所属工会和职工提供法律服务的规定。

县级以上各级总工会法律服务的形式可以多种多样，既可以成立法律咨询室、法律顾问室、法律援助中心，也可以经司法行政部门同意成立职工法律服务所。在服务方式上，既可以从事服务于工会和职工的法律咨询，代写或审查法律事务文书，为工会和职工签订集体合同、劳动合同，把好法律关，也可以为职工提起劳动争议诉讼提供法律帮助等。

关联法规

《法律援助法》

《工会法律援助办法》

第三十一条　【职工集体福利协助】工会协助用人单位办好职工集体福利事业，做好工资、劳动安全卫生和社会保险工作。

条文注释

本条是关于工会协助用人单位办好职工集体福利事业的规定。

职工集体福利事业是由用人单位行政方面兴办的，包括职工食堂、浴室、托儿所、医务室以及生活供应等各项集体事业。要提高职工的生活水平，首先要提高职工的生活福利，改善各项集体福利设施。

工资是劳动报酬的一种形式，是职工生活的主要来源，工会组织要监督国家的工资政策、法规和各项规定在用人单位的贯彻执行情况，做好工资方面的民主管理工作。

加强劳动保护，搞好安全生产，保护职工的安全和健康，关系到职工的切身利益。工会要从自己的性质、特点出发,做好劳动保护工作。要关心职工劳动条件的改善,维护职工在劳动中的安全健康,监督国家有关劳动保护管理、安全技术、工业卫生等法律、法规、规章的贯彻执行。组织职工进行安全教育,组织预防事故和职业病的群众活动等,搞好劳动保护工作。

社会保险是社会保障体系中的一项重要制度,是社会保障制度的核心内容。社会保险制度包括养老、医疗、失业、工伤、生育保险。实行社会保险制度,对保护职工身体健康、解决职工生活上的后顾之忧起到了重要作用,工会要积极参与、推动我国社会保险制度的改革,协助政府和企业进一步做好职工的社会保险工作。

第三十二条 【思想政治引领及文娱竞技活动】工会会同用人单位加强对职工的思想政治引领,教育职工以国家主人翁态度对待劳动,爱护国家和单位的财产;组织职工开展群众性的合理化建议、技术革新、劳动和技能竞赛活动,进行业余文化技术学习和职工培训,参加职业教育和文化体育活动,推进职业安全健康教育和劳动保护工作。

条文注释

本条是关于工会加强对职工的思想政治引领,教育职工正确对待劳动、爱护公共财产,以及组织职工业务培训、开展文体活动以丰富职工文化生活的规定。

职工的合理化建议、技术革新活动,是职工参与国家和社会事务、参与企事业单位和机关管理的民主方式之一。业余文化、技术学习和培训,属于职工文化技术教育工作。工会要积极主动地参与当地政府部门和企业行政组织的职工教育工作,发挥工会优势,大力加强岗位培训。工会通过组织职工开展各种有益的文体活动,充分运用工人文化宫、俱乐部等文化设施,使职工群众在完成生产、工作任务之后,得到有益于身心健康的文化娱乐和休息。

第三十三条 【评优等管理职责】根据政府委托,工会与有关部门共同做好劳动模范和先进生产(工作)者的评选、表彰、培养和管理工作。

条文注释

本条是关于工会在劳动模范、先进生产(工作)者评选、表彰、培养和管理工作方面的职责规定。

由于劳动模范、先进生产(工作)者的评选、表彰、培养和管理的具体工作长期以来都是由工会承担的,并且已经建立起了完善的组织机构和工作制度。政府委托工会进行劳动模范、先进生产(工作)者的评选、表彰、培养和管理工作已成为较完善的体制,通过法律对之加以明确和规范,有利于明确政府和工会在这项工作中各自的职责和分工。根据本条规定,劳动模范、先进生产(工作)者的评选、表彰、培养和管理工作是在政府依法授权下,由工会与有关部门共同进行的。

第三十四条 【工会的建议权】国家机关在组织起草或者修改直接涉及职工切身利益的法律、法规、规章时,应当听取工会意见。

县级以上各级人民政府制定国民经济和社会发展计划,对涉及职工利益的重大问题,应当听取同级工会的意见。

县级以上各级人民政府及其有关部门研究制定劳动就业、工资、劳动安全卫生、社会保险等涉及职工切身利益的政策、措施时,应当吸收同级工会参加研究,听取工会意见。

条文注释

本条是关于工会的建议权的规定。

本条具体包括以下三个方面的内容:(1)工会参与立法,国家机关在组织起草或者修改直接涉及职工切身利益的法律、法规、规章时,应当听取工会的意见。(2)工会参与国民经济和社会发展计划的制订,对其中涉及职工利益的重大问题,政府应当听取同级工会的意见。(3)工会参加劳动政策、措施的研究制定,县级以上各级人民政府及其有关部门在研究制定劳动就业等涉及职工切身利益的政策、措施时,应当吸收同级工会参加研究,听取工会意见。

工会应当在广泛征求职工意见的基础上,在法律、法规、规章、政策的制定过程中,反映职工的意见和建议,从源头上维护广大劳动者的权益。

第三十五条　【三方协商机制】县级以上地方各级人民政府可以召开会议或者采取适当方式,向同级工会通报政府的重要的工作部署和与工会工作有关的行政措施,研究解决工会反映的职工群众的意见和要求。

各级人民政府劳动行政部门应当会同同级工会和企业方面代表,建立劳动关系三方协商机制,共同研究解决劳动关系方面的重大问题。

条文注释

本条是关于政府向工会通报政府工作部署、研究解决职工群众问题以及按照国际惯例建立三方协商机制的规定。

在社会主义国家,政府是人民群众的政府,工会是职工群众的工会,工会应当支持政府,政府应当相信和依靠工会。双方采取多种方式互相沟通,共同研究和解决职工群众的意见和要求,对于维护劳动关系和社会稳定、构建和谐社会具有重要的作用。

劳动关系三方协商机制是指由国家(以政府劳动行政部门为代表)、职工(以工会组织为代表)和企业(以企业组织为代表)三方,就劳动关系为主的社会经济政策、法律的制定和实施进行相互协商的法律制度。劳动关系三方协商机制在劳动法律、法规和政策的制定、实施过程中发挥着重要作用。三方应当通过这一机制,就涉及劳动关系的重大问题进行协商,形成解决问题的方案,为立法和政策制定提供参考。

关联法规

《劳动合同法》第5条

第四章　基层工会组织

第三十六条　【国有企业权力机构及其工作机构】国有企业职工代表大会是企业实行民主管理的基本形式，是职工行使民主管理权力的机构，依照法律规定行使职权。

国有企业的工会委员会是职工代表大会的工作机构，负责职工代表大会的日常工作，检查、督促职工代表大会决议的执行。

条文注释

本条是关于国有企业权力机构及其工作机构的规定。

职工代表大会是企业实行民主管理的基本形式，是职工行使民主管理权力的机构。职工代表是由职工民主选举出来的，因此，职工代表大会是实行民主管理的机构。

工会是职工代表大会的工作机构，国有企业的工会与职工代表大会不能相互取代。工会不能作为职工代表大会的常设机构直接行使职工代表大会的职权，而应当根据工会组织群众性、民主性的特点，检查、督促职工代表大会决议的执行，使职工群众的民主管理权力落到实处。

关联法规

《宪法》第16条

《全民所有制工业企业法》第51条

《公司法》第18条

《安全生产法》第7条

《工会法》第6、20条

《企业工会工作条例》第33条

第三十七条 【集体企业工会职责】集体企业的工会委员会,应当支持和组织职工参加民主管理和民主监督,维护职工选举和罢免管理人员、决定经营管理的重大问题的权力。

条文注释

本条是关于集体企业工会职责的规定。

本条规定包含两个方面的内容:

(1)集体企业工会应当支持和组织职工参加民主管理和民主监督。我国集体企业的职工是企业的主人,依照法律、法规的规定,参加企业民主管理,监督企业各项活动和管理人员的工作。集体企业的工会维护职工的合法权益,依法独立自主地开展工作,组织职工参加民主管理和民主监督。工会支持和组织职工参加民主管理和民主监督,有助于职工更好地行使民主管理和民主监督的权力,促进企业经营管理,提高企业的经济效益。

(2)集体企业工会维护职工选举和罢免管理人员、决定经营管理的重大问题的权力。选举和罢免厂长(经理)和其他企业管理人员,制定集体企业章程,审议企业重大方案、职工奖惩办法和其他重要规章制度,决定经营管理重大问题等,是集体企业通过职工大会或者职工代表大会行使民主管理企业的权力。为充分保障集体企业职工上述权力的实现,确保职工的主人翁地位,集体企业工会对职工的上述权力应依法加以支持和维护,这是集体企业工会的一项重要任务。

关联法规

《宪法》第 17 条

《安全生产法》第 7 条

第三十八条 【其他企事业单位工会参与民主管理】本法第三十六条、第三十七条规定以外的其他企业、事业单位的工会委员会,依照法律规定组织职工采取与企业、事业单位相适应的形式,参与企业、事业单位民主管理。

条文注释

本条是关于国有、集体企业以外的其他企业、事业单位采取民主管理形式的规定。

依照法律、法规规定应当实行民主管理的企业、事业单位，都必须实行民主管理。我国《宪法》第16条第2款明确规定："国有企业依照法律规定，通过职工代表大会和其他形式，实行民主管理。"为贯彻全心全意依靠工人阶级的方针和维护职工合法权益，2001年《工会法》修改，专门增加规定，即除国有企业、集体企业之外的其他企业、事业单位的工会委员会，应依照法律规定组织职工采取与企业、事业单位相适应的形式，参与企业、事业单位民主管理。

第三十九条　【工会代表参与企业决策】企业、事业单位、社会组织研究经营管理和发展的重大问题应当听取工会的意见；召开会议讨论有关工资、福利、劳动安全卫生、工作时间、休息休假、女职工保护和社会保险等涉及职工切身利益的问题，必须有工会代表参加。

企业、事业单位、社会组织应当支持工会依法开展工作，工会应当支持企业、事业单位、社会组织依法行使经营管理权。

条文注释

本条是关于工会代表参与企业决策的规定。

本条规定包含三个方面的内容：

(1)企业、事业单位、社会组织研究经营管理和发展的重大问题应当听取工会的意见。企业、事业单位、社会组织在研究经营管理和发展的重大问题时，听取工会的意见，有利于决策的科学化、民主化，有利于维护职工的合法权益。工会参加企业、事业单位、社会组织重大问题的讨论，也可以使广大职工更好地了解企业、事业单位、社会组织制订发展计划的依据、原因以及发展方向，进一步调动职工的生产积极性，促进企业、事业单位、社会组织的发展。

(2)工会有参加企业、事业单位、社会组织召开的涉及职工切身利益的会议的权利。工会是代表职工利益、为职工说话办事的群众组织。当企业、事业单位、社会组织召开讨论有关工资、福利、劳动安全卫生、社会保险等涉及职工切身利益的会议时，要有工会代表参加，以便反映职工的意见和要求，维护职工的合法权益，促进企业安定团结和生产持续稳定发展。

(3)企业、事业单位、社会组织应当支持工会依法开展工作，工会应当支持企业、事业单位、社会组织依法行使经营管理权。企业要尊重工会的民主权利，工会要尊重企业的行政管理和生产指挥权利。

第四十条　【职工代表的产生】公司的董事会、监事会中职工代表的产生，依照公司法有关规定执行。

条文注释

本条是关于公司的董事会、监事会中职工代表产生的规定。

1. 公司董事会中职工代表的产生

根据《公司法》规定，两个以上的国有企业或者两个以上的其他国有投资主体投资设立的有限责任公司，其董事会成员中应当有公司职工代表；其他有限责任公司董事会成员中可以有公司职工代表。董事会中的职工代表由公司职工通过职工代表大会、职工大会或者其他形式民主选举产生。

2. 公司监事会中职工代表的产生

根据《公司法》规定，有限责任公司与股份有限公司的监事会，应当包括股东代表和适当比例的公司职工代表，其中职工代表的比例不得低于1/3，具体比例由公司章程规定。监事会中的职工代表由公司职工通过职工代表大会、职工大会或者其他形式民主选举产生。

关联法规

《公司法》第44、51、67、108、117条

第四十一条 【工会活动的时间安排】基层工会委员会召开会议或者组织职工活动，应当在生产或者工作时间以外进行，需要占用生产或者工作时间的，应当事先征得企业、事业单位、社会组织的同意。

基层工会的非专职委员占用生产或者工作时间参加会议或者从事工会工作，每月不超过三个工作日，其工资照发，其他待遇不受影响。

条文注释

本条是关于基层工会委员会开展活动时间的规定。

生产或工作时间是指法定的从事生产或工作的时间。工会召开会议或组织职工活动一般应当在业余时间进行，这是工会开展活动的一项基本原则。如果需要占用生产或者工作时间，应当事先征得企业、事业单位、社会组织的同意。

作为非专职的工会委员，其从事工会活动大部分是利用业余时间，但是，在某些场合下，非专职的工会委员从事工会活动必须占用生产时间时，应在法律规定的限度内，即每月不超过3个工作日。在此限度内，法律保障其基本的权益，即工资和待遇不受影响。企业、事业单位、社会组织应依法为之提供必要的时间，以利于工会活动的完成。

第四十二条 【专职工作人员待遇】用人单位工会委员会的专职工作人员的工资、奖励、补贴，由所在单位支付。社会保险和其他福利待遇等，享受本单位职工同等待遇。

条文注释

本条是关于用人单位工会委员会专职工作人员的工资和保险福利待遇的规定。

本条所指的“工资”，是指与基层工会专职工作人员的职务相对应的工资。企业、事业单位和机关有附加工资的，也包括附加工资。

实行结构工资制的单位,应包括基础工资、职务工资、工龄工资。本条所指的“奖励”,在企业、事业单位,包括月度奖金、年终奖金以及生产奖金等,应与企业、事业单位中同等的管理人员同等对待。在机关,则应与机关工作人员同等对待。本条所指的“补贴”,既包括国家发放的副食品价格补贴或其他补贴,也包括企业、事业单位和机关内部为本单位职工发放的其他补贴等。本条所指的“由所在单位支付”,是指由基层工会专职工作人员所在的企业、事业单位和机关在相关经费中支付工会专职工作人员的工资、奖励、补贴。

本条规定明确了工会基层专职工作人员工资的开支渠道和支付标准,即工会专职工作人员的社会保险和其他福利待遇等与本单位职工同等对待。这为基层工会专职工作人员领取工资、奖励、补贴提供了法律上的依据,有利于工会专职工作人员树立与单位共兴荣的观念,动员职工以主人翁的态度从事生产、工作和劳动,促进所在单位劳动关系的和谐,推动所在单位生产的发展和经济效益的提高。

第五章　工会的经费和财产

第四十三条　【工会经费来源及使用范围】工会经费的来源:

(一)工会会员缴纳的会费;

(二)建立工会组织的用人单位按每月全部职工工资总额的百分之二向工会拨缴的经费;

(三)工会所属的企业、事业单位上缴的收入;

(四)人民政府的补助;

(五)其他收入。

前款第二项规定的企业、事业单位、社会组织拨缴的经费在税前列支。

工会经费主要用于为职工服务和工会活动。经费使用的具体办法由中华全国总工会制定。

条文注释

本条是关于工会经费来源及使用范围的规定。

工会经费的来源有五项:(1)工会会员缴纳的会费。工会会员每月应向工会组织缴纳本人每月基本工资收入0.5%的会费;会员缴纳的会费,全部留在基层,无须上缴。(2)建立工会组织的用人单位按每月全部职工工资总额的2%向工会拨缴的经费。“全部职工”,是指在国家机关、企业、事业单位、社会组织工作,并由其支付工资的各种人员。“工资总额”,是指各单位在一定时期内直接支付给本单位全部职工劳动报酬的总额,由下列各部分组成:计时工资、计件工资、奖金、津贴和补贴、加班工资、特殊情况下支付的工资。(3)工会所属的企业、事业单位上缴的收入。“上缴的收入”,是指工会所属的企业和事业单位以自身的业务收入抵补各项支出后的净收益,按照规定上缴主管工会的一部分收入,作为主管工会的经费来源之一,用于弥补工会活动经费的不足和发展工会事业。(4)人民政府的补助。人民政府对工会所做的许多涉及职工的事项,给予一定的补助,既体现了政府对职工的关心,也可以缓解工会在从事这些事项时的经费困难状况。(5)其他收入。主要包括上级工会的补贴,社团及海外侨胞、友人的捐助,工会变卖财产收入,银行存款利息收入等。

本条第2款规定,建立工会组织的企业、事业单位、社会组织按每月全部职工工资总额的2%向工会拨缴的经费,在税前列支。即可以将这一部分费用列入成本,由此减少了相应的税收,体现了国家的支持。

本条第3款规定,工会经费主要用于为职工服务和工会活动。这为工会经费的正确合理使用提供了依据。《工会法》对工会经费使用的具体办法未作规定，而是授权中华全国总工会制定，这体现了工会经费独立原则和工会依法独立开展活动原则。工会经费使用的具体办法，必须根据国家有关法律法规，并依照国家和地方财政的有关开支标准制定。

第四十四条 【工会经费收缴】企业、事业单位、社会组织无正当理由拖延或者拒不拨缴工会经费，基层工会或者上级工会可以向当地人民法院申请支付令；拒不执行支付令的，工会可以依法申请人民法院强制执行。

条文注释

本条是关于工会经费收缴的规定。

本条通过民事诉讼督促程序的规定为工会经费的收缴提供了司法保护。督促程序，是人民法院根据债权人的给付金钱和有价证券的申请，以支付令的形式，催促债务人限期履行义务的特殊程序。《民事诉讼法》对此作了具体的规定，工会在申请支付令时，应当按照《民事诉讼法》的相关规定行使这一权利。

人民法院受理工会提出的拨缴工会经费的支付令申请后，应当先行征询被申请人的意见，被申请人仅对应拨缴经费数额有异议的，人民法院应当就无异议部分的工会经费数额发出支付令。如果被申请人既不提出异议，也不执行支付令，工会可以申请人民法院强制执行，人民法院应依照《民事诉讼法》有关执行的规定办理。

工会组织就工会经费的拨缴向人民法院申请支付令的，应当按照《诉讼费用交纳办法》第 14 条的规定交纳申请费；督促程序终结后，工会组织另行起诉的，按照《诉讼费用交纳办法》第 13 条规定的财产案件受理费标准交纳诉讼费用。

关联法规

《民事诉讼法》第 17 章

《企业工会工作条例》第 46、48 条

《最高人民法院关于在民事审判工作中适用〈中华人民共和国工会法〉若干问题的解释》第 3 ~ 5、8 条

第四十五条　【工会经费管理】工会应当根据经费独立原则，建立预算、决算和经费审查监督制度。

各级工会建立经费审查委员会。

各级工会经费收支情况应当由同级工会经费审查委员会审查，并且定期向会员大会或者会员代表大会报告，接受监督。工会会员大会或者会员代表大会有权对经费使用情况提出意见。

工会经费的使用应当依法接受国家的监督。

条文注释

本条是关于工会经费管理的规定。

工会独立管理经费是由工会的性质决定的。工会经费不是政府的财政拨款，其收支办法原则上不受政府有关部门干预。工会经费独立，主要表现为工会有独立的预算、决算和经费审查监督制度。

(1)工会经费预算制度。工会经费预算，是指经过一定程序审核批准的工会年度财务收支计划。工会经费预算由三部分组成，即基层工会经费预算，它是工会经费预算的基本环节；本级工会经费预算，是指有经费留成的县(市)以上各级工会的预算；单位经费预算，是指有经费留成工会所属的事业单位的预算和县以上工会机关的经费预算。工会经费预算的管理体制是“统一领导，分级管理”。

(2)工会经费决算制度。工会经费决算是工会预算执行的总结，工会经费决算的组成与工会经费预算的组成相一致。

(3)工会经费审查监督制度。工会经费审查监督的形式分为两种，即行政审查监督和民主审查监督。行政审查监督工作主要由工会财务部门承担。民主审查监督是指各级工会组织通过经费审查委员会，对本级工会经费的收支情况进行审查监督，民主监督同内部审计结合进行。工会经费审查委员会是工会内部设立的经费审查监督机构，它由同级工会代表大会选举产生，向同级会员大会或会员代表大会负责并报告工作。

本条第4款规定，工会经费的使用应当依法接受国家的监督。国家监督的形式是多种的，其中对工会经费最主要的监督形式是国家审计监督。工会经费的使用情况，应当接受国家的审计监督，当然也应当包括其他的监督形式。

关联法规

《中国工会章程》第13条

《企业工会工作条例》第49条

第四十六条 【物质条件保障】各级人民政府和用人单位应当为工会办公和开展活动，提供必要的设施和活动场所等物质条件。

条文注释

本条是关于工会物质条件保障的规定。

各级人民政府和用人单位为工会办公和开展活动，提供必要的设施和活动场所等物质条件，体现了人民政府和用人单位对工会工作的支持。将为工会办公和开展活动提供必要的设施和活动场所等物质条件作为各级人民政府和用人单位的一种义务规定下来，有利于工会组织职工开展活动、履行其职责。

第四十七条 【工会财产保护】工会的财产、经费和国家拨给工会使用的不动产，任何组织和个人不得侵占、挪用和任意调拨。

条文注释

本条是关于工会财产保护的规定。

这里的"财产"，是工会组织使用工会经费购置的财产和其他组织或个人捐赠的财产，也包括由工会财产派生出来的其他工会财产。"经费"，包括工会会员缴纳的会费，建立工会组织的用人单位按每月全部职工工资总额的2%向工会拨缴的经费，工会所属的企业、事业单位上缴的收入，人民政府的补助和其他收入。"国家拨给工会使用的不动产”，是指国家拨给工会使用的办公场所、职工文艺体育活动场所和相关设施等，如工会的办公楼、各地工会的文化宫、俱乐部等。

工会财产、经费和国家拨给工会使用的不动产，是工会开展各种活动的物质基础。保护工会财产不受侵害，是工会顺利开展活动的前提。本条规定任何组织和个人不得侵占、挪用和任意调拨工会财产、经费和国家拨给工会使用的不动产，有两层含义：一是禁止任何组织和个人（包括工会系统内部的组织机构和个人）侵占、挪用和任意调拨工会财产、经费和国家拨给工会使用的不动产。二是当工会财产所有权遭到侵害，无法行使占有、使用、收益、处分的权能时，有权请求国家予以保护，责令侵权人履行民事或行政义务，承担民事、行政责任。

关联法规

《企业工会工作条例》第50条

第四十八条　【工会隶属关系不随意变动原则】工会所属的为职工服务的企业、事业单位，其隶属关系不得随意改变。

条文注释

本条是关于工会隶属关系不得随意变动的规定。

“所属的为职工服务的企业、事业单位”，是指工会用自己的经费或自筹资金兴办的，以及国家拨给工会使用的，为职工群众服务的各种经营形式，包括工人文化宫、俱乐部，职工疗养院、休养所，工会院校、文艺团体，体育场馆，宾馆、旅行社，种植、养殖、生产加工、商业服务等企业、事业单位。确保工会所属的企业、事业为职工群众服务，有利于增强工会的活力和对职工的吸引力、凝聚力。工会所属企业、事业的收入主要是为职工服务，为工会事业的发展服务。

本条规定为工会所属企业、事业单位维护自己的合法权益提供了法律依据和保障。禁止任何行政机关非法占有、使用和处分工会所属企业、事业单位的财产，禁止随意改变工会对所属企业、事业单位的产权关系。一旦发生随意改变工会所属为职工服务的企业、事业隶属关系的情况,工会及其所属的企业、事业单位有权要求国家干预,制止侵权行为;也可以依法向人民法院提起诉讼,要求维护其合法权益,追究侵权者的法律责任。

第四十九条 【县级以上各级工会离退休人员待遇】县级以上各级工会的离休、退休人员的待遇,与国家机关工作人员同等对待。

条文注释

本条是关于县级以上各级工会离退休人员待遇的规定。

县级以上各级工会的离休、退休人员包括:全国总工会和各级地方总工会在编的离休、退休人员;编制列在全国总工会和地方总工会的产业工会的离休、退休人员;县以上工会所办实行全额预算管理的工会干部学校(院),各类职工学校,财政拨款补贴的职工疗养院(所),工会经费补贴的文化宫(俱乐部)、体育场(馆)等文体事业单位的离休、退休人员。

关联法规

《中华全国总工会、财政部关于新〈工会法〉中有关工会经费问题的具体规定》第3条

第六章 法律责任

第五十条 【工会合法权益受到侵犯的法律救济】工会对违反本法规定侵犯其合法权益的,有权提请人民政府或者有关部门予以处理,或者向人民法院提起诉讼。

条文注释

本条是关于工会合法权益受到侵犯的法律救济渠道的规定。

国家保护工会的合法权益不受侵犯。工会的合法权益不受侵

犯，具体体现在三个方面：(1)开展活动的权利不受侵犯。成立工会的目的之一，就是开展各种工会活动，并通过这些活动，维护职工的合法权益、保障职工的安全健康。只要工会的各项活动是依法开展的，国家就应为其提供必要的保护。(2)工会的合法财产不受侵犯。工会的财产、经费和国家拨给工会使用的不动产，任何组织和个人不得侵占、挪用和任意调拨。工会所属的为职工服务的企业、事业单位，其隶属关系不得随意改变。(3)工会工作者的合法权益不受侵犯。工会工作者是工会工作得以顺利开展的基本力量，国家依法维护工会工作者的合法权益。

工会合法权益一旦受到侵犯，可以通过以下两种途径寻求救济：

1. 提请人民政府或有关部门予以处理

对于侵犯工会合法权益的行为，工会都可以提请当地人民政府或有关部门予以处理。人民政府或有关部门在处理侵犯工会合法权益案件的过程中，必须依法处理，既不能姑息放任，也不能随意处罚。人民政府或有关部门可以通过批评教育，找企业、事业单位负责人谈话，或者通过给予有关责任人纪律处分，对有关企业进行通报批评等方式，责令侵犯工会权益的有关当事人立即停止侵权行为，纠正错误决定，消除其违法行为造成的影响，维护工会的合法权益。

2. 向人民法院提起诉讼

工会的合法权益受到侵犯时，除了提请人民政府或有关部门予以处理外，还可以通过向人民法院提起诉讼来寻求法律救济。向法院提起诉讼，主要是针对侵占、挪用工会经费或财产的行为，以及企业、事业单位无正当理由拖延或者拒不拨缴工会经费的违法行为提起民事诉讼，请求法律保护。此外，对符合《行政诉讼法》规定的受案范围，如人民政府或有关部门不履行其保护工会合法权益的职责时，工会也可以向人民法院提起行政诉讼。

关联法规

《工会法》第4条

《行政诉讼法》第12条

《最高人民法院关于在民事审判工作中适用〈中华人民共和国工会法〉若干问题的解释》第7、8条

第五十一条　【阻挠工会活动的法律责任】违反本法第三条、第十二条规定，阻挠职工依法参加和组织工会或者阻挠上级工会帮助、指导职工筹建工会的，由劳动行政部门责令其改正；拒不改正的，由劳动行政部门提请县级以上人民政府处理；以暴力、威胁等手段阻挠造成严重后果，构成犯罪的，依法追究刑事责任。

条文注释

本条是关于阻挠职工依法参加、组织工会或者阻挠上级工会帮助、指导职工筹建工会的违法行为应承担法律责任的规定。

本条对以下两种行为规定了法律责任：

1. 阻挠职工依法参加和组织工会的

参加和组织工会是每一名职工的合法权益，是受国家法律保护的，任何组织和个人都不得侵犯。用人单位无论是以直接的方式，还是以间接的方式阻挠职工参加和组织工会，都是违反《工会法》规定的违法行为，都要依法承担法律责任。

2. 阻挠上级工会帮助、指导职工筹建工会的

企业阻挠上级工会帮助、指导职工筹建工会，主要是指企业拒绝上级工会派员进厂帮助、指导职工组建工会工作，对上级工会派员进厂设置重重障碍，甚至使用暴力、威胁的手段阻挠上级工会派员来帮助、指导职工组建工会。

对于上述违法行为，本条规定了如下法律责任：

1. 由劳动行政部门责令其改正；拒不改正的，由劳动行政部门提请县级以上人民政府处理

对于企业采取种种手段阻挠职工依法参加和组织工会或者阻挠上级工会帮助、指导职工筹建工会的，劳动行政部门可以通过宣传法律、批评教育的方法责令有关当事人改正违法行为。对于一些企业经劳动行政部门责令改正后，仍拒不改正的，劳动行政部门可

以提请县级以上人民政府依法处理。

2. 以暴力、威胁等手段阻挠造成严重后果，构成犯罪的，依法追究刑事责任

“犯罪”，是指一切危害国家主权、领土完整和安全，分裂国家、颠覆人民民主专政的政权和推翻社会主义制度，破坏社会秩序和经济秩序，侵犯国有财产或者劳动群众集体所有的财产，侵犯公民私人所有的财产，侵犯公民的人身权利、民主权利和其他权利，以及其他危害社会，依照法律应当受刑罚处罚的行为。“刑事责任”，又称刑罚，是依据国家刑事法律规定，对实施犯罪行为的行为人所给予的处罚。依据我国《刑法》的规定，刑罚包括主刑和附加刑两种。主刑包括管制、拘役、有期徒刑、无期徒刑和死刑；附加刑包括罚金、剥夺政治权利和没收财产。

关联法规

《工会法》第3、12条

《刑法》第234、238条

《行政处罚法》第28条

第五十二条　【维护工会工作人员尊严】违反本法规定，对依法履行职责的工会工作人员无正当理由调动工作岗位，进行打击报复的，由劳动行政部门责令改正、恢复原工作；造成损失的，给予赔偿。

对依法履行职责的工会工作人员进行侮辱、诽谤或者进行人身伤害，构成犯罪的，依法追究刑事责任；尚未构成犯罪的，由公安机关依照治安管理处罚法的规定处罚。

条文注释

本条是关于维护工会工作人员尊严的规定。

1. 对依法履行职责的工会工作人员无正当理由调动工作岗位，进行打击报复的行为应承担的法律责任

对于此类违法行为，一是由劳动行政部门责令改正、恢复原工

作；二是对造成损失的，给予赔偿。赔偿的范围包括受害的工会工作人员的物质损失和精神损失。物质损失主要包括工资或其他劳动收入的损失，以及为保护自己合法权益寻求救济而支付的必要的交通费用、误工费用等。致人精神损害，未造成严重后果的，可判令侵权人停止侵害、恢复名誉、消除影响、赔礼道歉；造成严重后果的，应根据受害人一方的请求同时判令侵权人赔偿相应的精神损害抚慰金。

2. 对依法履行职责的工会工作人员进行侮辱、诽谤或者进行人身伤害的行为应承担的法律责任

对于此类违法行为，尚未构成犯罪的，由公安机关依照《治安管理处罚法》的规定处罚；构成犯罪的，依法追究刑事责任。对依法履行职责的工会工作人员进行侮辱、诽谤或者进行人身伤害的行为，可能会构成侮辱罪、诽谤罪以及故意伤害罪。

关联法规

《民法典》第 1024、1183 条

《治安管理处罚法》第 42、43 条

《刑法》第 234、246 条

第五十三条　【违法解除劳动合同的法律责任】违反本法规定，有下列情形之一的，由劳动行政部门责令恢复其工作，并补发被解除劳动合同期间应得的报酬，或者责令给予本人年收入二倍的赔偿：

（一）职工因参加工会活动而被解除劳动合同的；

（二）工会工作人员因履行本法规定的职责而被解除劳动合同的。

条文注释

本条是关于违法解除劳动合同行为的法律责任的规定。

本条对以下两种违法行为规定了法律责任：

1. 职工因参加工会活动而被解除劳动合同的

根据《劳动法》规定，劳动合同是劳动者与用人单位确立劳动关

系、明确双方权利和义务的协议。建立劳动关系应当订立劳动合同。劳动合同依法订立即具有法律约束力，当事人必须履行劳动合同规定的义务。

参加工会活动是每一名职工应当享有的权利，是受国家法律保护的，任何用人单位不能违反《劳动法》的规定，因职工参加工会活动而解除其劳动合同。

2. 工会工作人员因履行本法规定的职责而被解除劳动合同的

工会工作人员为维护职工的合法权益，必须要与企业、事业单位就各种争议或矛盾进行协商，对企业、事业单位无故克扣职工工资、不提供劳动安全卫生条件、随意延长劳动时间等严重侵犯职工劳动权益的行为，有责任代表职工要求企业、事业单位采取措施予以改正。用人单位不能因工会工作人员合理履行上述职责而擅自解除其劳动合同。

以上两种违法行为所应承担的法律责任包括：

1. 由劳动行政部门责令恢复其工作，并补发被解除劳动合同期间应得的报酬

劳动行政部门是劳动工作的行政主管机关。国务院劳动行政部门主管全国劳动工作，县级以上地方人民政府劳动行政部门主管本行政区域内的劳动工作。劳动行政部门监督检查劳动法律、法规遵守和执行情况的具体内容很多，其中，用人单位劳动合同的订立和履行情况尤为重要，对于用人单位违反劳动法规，因职工参加工会活动或因履行本法规定的职责而解除劳动合同的，劳动行政部门应当责令恢复其工作，并补发其被解除劳动合同期间应得的报酬。

2. 责令给予本人年收入2倍的赔偿

如果职工在被解除劳动合同期间又找到其他工作，或者本人不愿意再回到原来的工作单位，在征得职工本人同意的情况下，劳动行政部门也可以通过责令用人单位给予职工本人在本企业所得年收入2倍的赔偿方式，来补偿职工由于被解除劳动合同所受到的损失，维护其合法权益。

劳动行政部门在处理有关企业、事业单位违反本条规定的案件

时，需要注意以下几点：(1)本条所规定的两种法律责任是“或者”的选择关系，而不是“和”的并列关系。(2)劳动行政部门对用人单位适用何种法律责任，应事先征求被解除劳动合同的当事职工的意见。(3)本条所谓的“年收入”，是指职工和工会工作人员在被解除劳动合同的原单位的年收入，包括工资、奖金等用人单位发的各种报酬，不包括职工和工会工作人员在单位外部所获得的其他收入，如股票、存款利息、房产租售等收入。(4)被解除劳动合同的职工或工会工作人员，除了可以提请劳动行政部门依法处理外，还可以向劳动仲裁机构申请劳动争议仲裁，对仲裁机构不予受理或对仲裁裁决不服的，可以向人民法院提起诉讼。

关联法规

《劳动法》第16、17、25、26条

《劳动合同法》第39、40条

《最高人民法院关于在民事审判工作中适用〈中华人民共和国工会法〉若干问题的解释》第6条

第五十四条　【妨碍工会依法行使职权行为的法律责任】 违反本法规定，有下列情形之一的，由县级以上人民政府责令改正，依法处理：

(一)妨碍工会组织职工通过职工代表大会和其他形式依法行使民主权利的；

(二)非法撤销、合并工会组织的；

(三)妨碍工会参加职工因工伤亡事故以及其他侵犯职工合法权益问题的调查处理的；

(四)无正当理由拒绝进行平等协商的。

条文注释

本条是关于妨碍工会依法行使职权的违法行为所应承担法律责任的规定。

本条对以下四种违法行为规定了法律责任：

1. 妨碍工会组织职工通过职工代表大会和其他形式依法行使民主权利的

工会组织职工参与企业民主管理,能够加强企业管理层与职工的相互沟通和联系,促使职工充分了解企业的生产经营状况,对企业的发展起到十分重要的作用。如果企业、事业单位违反法律规定,妨碍工会组织职工通过职工代表大会和其他形式依法行使民主权利的,要承担相应的法律责任。

2. 非法撤销、合并工会组织的

工会组织是依法成立的,除了按《工会法》第13条第2款规定的“基层工会所在的用人单位终止或者被撤销,该工会组织相应撤销,并报告上一级工会”外,任何组织和个人不得随意加以撤销,或者把工会组织合并到其他的部门中,违法撤销、合并工会组织的行为,要依法承担相应的法律责任。

3. 妨碍工会参加职工因工伤亡事故以及其他侵犯职工合法权益问题的调查处理的

工会参加职工因工伤亡事故和其他严重危害职工身心健康问题的调查,是工会对用人单位有关劳动安全卫生工作进行监督的重要手段。违反这一规定,妨碍工会参加职工因工伤亡事故以及其他侵犯职工合法权益问题的调查处理的,要依法承担相应的法律责任。

4. 无正当理由拒绝进行平等协商的

代表职工与企业进行平等协商是工会的权利,如果工会提出与企业进行平等协商,签订集体合同,而企业无正当理由拒绝,企业的有关行政负责人要依法承担法律责任。当然,签订集体合同是一项双方的权利,它既是工会的权利,也是企业的权利。如果企业方面提出与工会进行平等协商,工会也不能拒绝,否则也要承担相应的法律责任。

发生上述四种违法行为的,县级以上人民政府应当责令有关责任人及时改正,对拒不改正违法行为的,应当依法严肃处理,对有关责任人进行批评教育,直至依法给予行政处分,对有关企业可以给予通报批评，责成其进行必要的整顿。

关联法规

《工会法》第6、13、21、27条

《劳动法》第33条

第五十五条　【侵占工会经费和财产拒不返还的法律责任】违反本法第四十七条规定，侵占工会经费和财产拒不返还的，工会可以向人民法院提起诉讼，要求返还，并赔偿损失。

条文注释

本条是关于侵占工会经费和财产拒不返还的违法行为所应承担法律责任的规定。

工会的经费和财产是工会做好各项工作不可缺少的物质保障，必须依法加以保护，绝不允许任何组织和个人加以侵犯。对违反规定侵占工会经费和财产，拒不返还的，本条规定了财产损害赔偿的民事法律责任。

关联法规

《工会法》第47条

《民法典》第179条

第五十六条　【工会工作人员违法行为的法律责任】工会工作人员违反本法规定，损害职工或者工会权益的，由同级工会或者上级工会责令改正，或者予以处分；情节严重的，依照《中国工会章程》予以罢免；造成损失的，应当承担赔偿责任；构成犯罪的，依法追究刑事责任。

条文注释

本条是关于工会工作人员违反本法规定，损害职工或者工会权益的违法行为所应承担法律责任的规定。

除了不履行应尽的职责，工会工作人员因其他违法行为侵犯职工和工会权益的，也要依法承担法律责任。工会工作人员其他的违法行为，主要包括与其担任工作职务有关的违法行为，如侵吞、挪用工会经费和财产，收受贿赂，利用职务之便为他人谋取不正当利益等。对于工会工作人员的违法行为，本条规定了行政、民事和刑事三种法律责任。

关联法规

《中国工会章程》

《刑法》第 382～386、388、395 条

第七章　附　　则

第五十七条　【机关工会实施办法的制定】中华全国总工会会同有关国家机关制定机关工会实施本法的具体办法。

条文注释

本条是关于机关工会实施办法制定的规定。

虽然本法的适用范围包括机关，但就本法的内容来说，对机关工会适用的规定不多，因此有必要对机关工会如何适用本法再作出更为具体的规定，所以本法授权中华全国总工会会同有关国家机关共同制定实施本法的具体办法。

第五十八条　【施行日期】本法自公布之日起施行。1950 年 6 月 29 日中央人民政府颁布的《中华人民共和国工会法》同时废止。

附录

中国工会章程

（2018年10月26日中国工会第十七次全国代表大会通过）

总　　则

中国工会是中国共产党领导的职工自愿结合的工人阶级群众组织，是党联系职工群众的桥梁和纽带，是国家政权的重要社会支柱，是会员和职工利益的代表。

中国工会以宪法为根本活动准则，按照《中华人民共和国工会法》和本章程独立自主地开展工作，依法行使权利和履行义务。

工人阶级是我国的领导阶级，是先进生产力和生产关系的代表，是中国共产党最坚实最可靠的阶级基础，是改革开放和社会主义现代化建设的主力军，是维护社会安定的强大而集中的社会力量。中国工会高举中国特色社会主义伟大旗帜，以马克思列宁主义、毛泽东思想、邓小平理论、“三个代表”重要思想、科学发展观、习近平新时代中国特色社会主义思想为指导，贯彻执行党的以经济建设为中心，坚持四项基本原则，坚持改革开放的基本路线，保持和增强政治性、先进性、群众性，坚定不移地走中国特色社会主义工会发展道路，推动党的全心全意依靠工人阶级的根本指导方针的贯彻落实，全面履行工会的社会职能，在维护全国人民总体利益的同时，更好地表达和维护职工的具体利益，团结和动员全国职工自力更生、艰苦创业，坚持和发展中国特色社会主义，为全面建成小康社会、把我国建设成为富强民主文明和谐美丽的社会主义现代化强国、实现中华民族伟大复兴的中国梦而奋斗。

中国工会坚持自觉接受中国共产党的领导,承担团结引导职工群众听党话、跟党走的政治责任,巩固和扩大党执政的阶级基础和群众基础。

中国工会的基本职责是维护职工合法权益、竭诚服务职工群众。

中国工会按照中国特色社会主义事业“五位一体”总体布局和“四个全面”战略布局,贯彻创新、协调、绿色、开放、共享的发展理念,把握为实现中华民族伟大复兴的中国梦而奋斗的工人运动时代主题,弘扬劳模精神、劳动精神、工匠精神,动员和组织职工积极参加建设和改革,努力促进经济、政治、文化、社会和生态文明建设;代表和组织职工参与国家和社会事务管理,参与企业、事业单位和机关的民主管理;教育职工践行社会主义核心价值观,不断提高思想道德素质、科学文化素质和技术技能素质,推进产业工人队伍建设改革,建设有理想、有道德、有文化、有纪律的职工队伍,不断发展工人阶级先进性。

中国工会以忠诚党的事业、竭诚服务职工为己任,坚持组织起来、切实维权的工作方针,坚持以职工为本、主动依法科学维权的维权观,促进完善社会主义劳动法律,维护职工的经济、政治、文化和社会权利,参与协调劳动关系和社会利益关系,推动构建和谐劳动关系,促进经济高质量发展和社会的长期稳定,维护工人阶级和工会组织的团结统一,为构建社会主义和谐社会作贡献。

中国工会维护工人阶级领导的、以工农联盟为基础的人民民主专政的社会主义国家政权,协助人民政府开展工作,依法发挥民主参与和社会监督作用。

中国工会在企业、事业单位中,按照促进企事业发展、维护职工权益的原则,支持行政依法行使管理权力,组织职工参加民主管理和民主监督,与行政方面建立协商制度,保障职工的合法权益,调动职工的积极性,促进企业、事业的发展。

中国工会实行产业和地方相结合的组织领导原则,坚持民主集中制。

中国工会坚持以改革创新精神加强自身建设,构建联系广泛、服务职工的工作体系,增强团结教育、维护权益、服务职工的功能,坚持群众化、民主化,保持同会员群众的密切联系,依靠会员群众开展工会工作。各级工会领导机关坚持把工作重点放到基层,着力扩大覆盖面、增强代表性,着力强化服务意识、提高维权能力,着力加强队伍建设、提升保障水平,坚持服务职工群众的工作生命线，全心全意为基层、为职工服务，构建智慧工会，增强基层工会的吸引力凝聚力战斗力，把工会组织建设得更加充满活力、更加坚强有力，成为深受职工群众信赖的学习型、服务型、创新型“职工之家”。

工会兴办的企业、事业，坚持公益性、服务性，坚持为改革开放和发展社会生产力服务，为职工群众服务，为推进工运事业服务。

中国工会努力巩固和发展工农联盟，坚持最广泛的爱国统一战线，加强包括香港特别行政区同胞、澳门特别行政区同胞、台湾同胞和海外侨胞在内的全国各族人民的大团结，促进祖国的统一、繁荣和富强。

中国工会在国际事务中坚持独立自主、互相尊重、求同存异、加强合作、增进友谊的方针，在独立、平等、互相尊重、互不干涉内部事务的原则基础上，广泛建立和发展同国际和各国工会组织的友好关系，积极参与“一带一路”建设，增进我国工人阶级同各国工人阶级的友谊，同全世界工人和工会一起，在推动构建人类命运共同体中发挥作用，为世界的和平、发展、合作、工人权益和社会进步而共同努力。

中国工会落实新时代党的建设总要求，以党的政治建设为统领，全面加强党的建设，增强政治意识、大局意识、核心意识、看齐意识，坚定道路自信、理论自信、制度自信、文化自信，坚决维护习近平总书记党中央的核心、全党的核心地位，坚决维护党中央权威和集中统一领导，在思想上政治上行动上同以习近平同志为核心的党中央保持高度一致。

第一章　会　　员

第一条　凡在中国境内的企业、事业单位、机关和其他社会组织中，以工资收入为主要生活来源或者与用人单位建立劳动关系的体力劳动者和脑力劳动者，不分民族、种族、性别、职业、宗教信仰、教育程度，承认工会章程，都可以加入工会为会员。

第二条　职工加入工会，由本人自愿申请，经工会基层委员会批准并发给会员证。

第三条　会员享有以下权利：

（一）选举权、被选举权和表决权。

（二）对工会工作进行监督，提出意见和建议，要求撤换或者罢免不称职的工会工作人员。

（三）对国家和社会生活问题及本单位工作提出批评与建议，要求工会组织向有关方面如实反映。

（四）在合法权益受到侵犯时，要求工会给予保护。

（五）工会提供的文化、教育、体育、旅游、疗休养、互助保障、生活救助、法律服务、就业服务等优惠待遇；工会给予的各种奖励。

（六）在工会会议和工会媒体上，参加关于工会工作和职工关心问题的讨论。

第四条 会员履行下列义务：

（一）认真学习贯彻习近平新时代中国特色社会主义思想，学习政治、经济、文化、法律、科学、技术和工会基本知识等。

（二）积极参加民主管理，努力完成生产和工作任务，立足本职岗位建功立业。

（三）遵守宪法和法律，践行社会主义核心价值观，弘扬中华民族传统美德，恪守社会公德、职业道德、家庭美德、个人品德，遵守劳动纪律。

（四）正确处理国家、集体、个人三者利益关系，向危害国家、社会利益的行为作斗争。

（五）维护中国工人阶级和工会组织的团结统一，发扬阶级友爱，搞好互助互济。

（六）遵守工会章程，执行工会决议，参加工会活动，按月交纳会费。

第五条 会员组织关系随劳动（工作）关系变动，凭会员证明接转。

第六条 会员有退会自由。会员退会由本人向工会小组提出，由工会基层委员会宣布其退会并收回会员证。

会员没有正当理由连续六个月不交纳会费、不参加工会组织生活，经教育拒不改正，应当视为自动退会。

第七条 对不执行工会决议、违反工会章程的会员，给予批评教育。对严重违法犯罪并受到刑事处分的会员，开除会籍。开除会员会籍，须经工会小组讨论，提出意见，由工会基层委员会决定，报上一级工会备案。

第八条 会员离休、退休和失业，可保留会籍。保留会籍期间免交会费。

工会组织要关心离休、退休和失业会员的生活，积极向有关方面反映他们的愿望和要求。

第二章 组织制度

第九条 中国工会实行民主集中制,主要内容是:

(一)个人服从组织,少数服从多数,下级组织服从上级组织。

(二)工会的各级领导机关,除它们派出的代表机关外,都由民主选举产生。

(三)工会的最高领导机关,是工会的全国代表大会和它所产生的中华全国总工会执行委员会。工会的地方各级领导机关,是工会的地方各级代表大会和它所产生的总工会委员会。

(四)工会各级委员会,向同级会员大会或者会员代表大会负责并报告工作,接受会员监督。会员大会和会员代表大会有权撤换或者罢免其所选举的代表和工会委员会组成人员。

(五)工会各级委员会,实行集体领导和分工负责相结合的制度。凡属重大问题由委员会民主讨论,作出决定,委员会成员根据集体的决定和分工,履行自己的职责。

(六)工会各级领导机关,加强对下级组织的领导和服务,经常向下级组织通报情况,听取下级组织和会员的意见,研究和解决他们提出的问题。下级组织应及时向上级组织请示报告工作。

第十条 工会各级代表大会的代表和委员会的产生,要充分体现选举人的意志。候选人名单,要反复酝酿,充分讨论。选举采用无记名投票方式,可以直接采用候选人数多于应选人数的差额选举办法进行正式选举,也可以先采用差额选举办法进行预选,产生候选人名单,然后进行正式选举。任何组织和个人,不得以任何方式强迫选举人选举或不选举某个人。

第十一条 中国工会实行产业和地方相结合的组织领导原则。同一企业、事业单位、机关和其他社会组织中的会员,组织在一个工会基层组织中;同一行业或者性质相近的几个行业,根据需要建立全国的或者地方的产业工会组织。除少数行政管理体制实行垂直管理的产业,其产业工会实行产业工会和地方工会双重领导,以产业工会领导为主外,其他产业工会均实行以地方工会领导为主,同时接受上级产业工会领导的体制。各产业工会的领导体制,由中华全国总工会确定。

省、自治区、直辖市,设区的市和自治州,县(旗)、自治县、不设区的市建立地方总工会。地方总工会是当地地方工会组织和产业工会地方组织的领导机关。全国建立统一的中华全国总工会。中华全国总工会是各级地方总工会和各产业工会全国组织的领导机关。

中华全国总工会执行委员会委员和产业工会全国委员会委员实行替补制,各级地方总工会委员会委员和地方产业工会委员会委员,也可以实行替补制。

第十二条 县和县以上各级地方总工会委员会,根据工作需要可以派出代表机关。

县和县以上各级工会委员会,在两次代表大会之间,认为有必要时,可以召集代表会议,讨论和决定需要及时解决的重大问题。代表会议代表的名额和产生办法,由召集代表会议的总工会决定。

全国产业工会、各级地方产业工会、乡镇工会和城市街道工会的委员会,可以按照联合制、代表制原则,由下一级工会组织民主选举的主要负责人和适当比例的有关方面代表组成。

上级工会可以派员帮助和指导用人单位的职工组建工会。

第十三条 各级工会代表大会选举产生同级经费审查委员会。中华全国总工会经费审查委员会设常务委员会,省、自治区、直辖市总工会经费审查委员会和独立管理经费的全国产业工会经费审查委员会,应当设常务委员会。经费审查委员会负责审查同级工会组织及其直属企业、事业单位的经费收支和资产管理情况,监督财经法纪的贯彻执行和工会经费的使用,并接受上级工会经费审查委员会的指导和监督。工会经费审查委员会向同级会员大会或会员代表大会负责并报告工作;在大会闭会期间,向同级工会委员会负责并报告工作。

上级经费审查委员会应当对下一级工会及其直属企业、事业单位的经费收支和资产管理情况进行审查。

中华全国总工会经费审查委员会委员实行替补制,各级地方总工会经费审查委员会委员和独立管理经费的产业工会经费审查委员会委员,也可以实行替补制。

第十四条 各级工会建立女职工委员会,表达和维护女职工的合法权益。女职工委员会由同级工会委员会提名,在充分协商的基础上组成或者选举产生，女职工委员会与工会委员会同时建立，在同级工会委员会领导下开展工作。企业工会女职工委员会是县或者县以上妇联的团体会员，通过县以上地方工会接受妇联的业务指导。

第十五条　县和县以上各级工会组织应当建立法律服务机构，为保护职工和工会组织的合法权益提供服务。

各级工会组织应当组织和代表职工开展劳动法律监督。

第十六条　成立或者撤销工会组织，必须经会员大会或者会员代表大会通过，并报上一级工会批准。工会基层组织所在的企业终止，或者所在的事业单位、机关和其他社会组织被撤销，该工会组织相应撤销，并报上级工会备案。其他组织和个人不得随意撤销工会组织，也不得把工会组织的机构撤销、合并或者归属其他工作部门。

第三章　全国组织

第十七条　中国工会全国代表大会，每五年举行一次，由中华全国总工会执行委员会召集。在特殊情况下，由中华全国总工会执行委员会主席团提议，经执行委员会全体会议通过，可以提前或者延期举行。代表名额和代表选举办法由中华全国总工会决定。

第十八条　中国工会全国代表大会的职权是：

（一）审议和批准中华全国总工会执行委员会的工作报告。

（二）审议和批准中华全国总工会执行委员会的经费收支情况报告和经费审查委员会的工作报告。

（三）修改中国工会章程。

（四）选举中华全国总工会执行委员会和经费审查委员会。

第十九条　中华全国总工会执行委员会，在全国代表大会闭会期间，负责贯彻执行全国代表大会的决议，领导全国工会工作。

执行委员会全体会议选举主席一人、副主席若干人、主席团委员若干人，组成主席团。

执行委员会全体会议由主席团召集，每年至少举行一次。

第二十条　中华全国总工会执行委员会全体会议闭会期间，由主席团行使执行委员会的职权。主席团全体会议，由主席召集。

主席团闭会期间,由主席、副主席组成的主席会议行使主席团职权。主席会议由中华全国总工会主席召集并主持。

主席团下设书记处,由主席团在主席团成员中推选第一书记一人,书记若干人组成。书记处在主席团领导下,主持中华全国总工会的日常工作。

第二十一条 产业工会全国组织的设置,由中华全国总工会根据需要确定。

产业工会全国委员会的建立,经中华全国总工会批准,可以按照联合制、代表制原则组成,也可以由产业工会全国代表大会选举产生。全国委员会每届任期五年。任期届满,应当如期召开会议,进行换届选举。在特殊情况下,经中华全国总工会批准,可以提前或者延期举行。

产业工会全国代表大会和按照联合制、代表制原则组成的产业工会全国委员会全体会议的职权是:审议和批准产业工会全国委员会的工作报告;选举产业工会全国委员会或者产业工会全国委员会常务委员会。独立管理经费的产业工会,选举经费审查委员会,并向产业工会全国代表大会或者委员会全体会议报告工作。产业工会全国委员会常务委员会由主席一人、副主席若干人、常务委员若干人组成。

第四章 地方组织

第二十二条 省、自治区、直辖市,设区的市和自治州,县(旗)、自治县、不设区的市的工会代表大会,由同级总工会委员会召集,每五年举行一次。在特殊情况下,由同级总工会委员会提议,经上一级工会批准,可以提前或者延期举行。工会的地方各级代表大会的职权是:

(一)审议和批准同级总工会委员会的工作报告。

(二)审议和批准同级总工会委员会的经费收支情况报告和经费审查委员会的工作报告。

(三)选举同级总工会委员会和经费审查委员会。

各级地方总工会委员会,在代表大会闭会期间,执行上级工会的决定和同级工会代表大会的决议,领导本地区的工会工作,定期向上级总工会委员会报告工作。

根据工作需要,省、自治区总工会可在地区设派出代表机关。直辖市和设区的市总工会在区一级建立总工会。

县和城市的区可在乡镇和街道建立乡镇工会和街道工会组织,具备条件的,建立总工会。

第二十三条 各级地方总工会委员会选举主席一人、副主席若干人、常务委员若干人,组成常务委员会。工会委员会、常务委员会和主席、副主席以及经费审查委员会的选举结果,报上一级总工会批准。

各级地方总工会委员会全体会议,每年至少举行一次,由常务委员会召集。各级地方总工会常务委员会,在委员会全体会议闭会期间,行使委员会的职权。

第二十四条 各级地方产业工会组织的设置,由同级地方总工会根据本地区的实际情况确定。

第五章 基层组织

第二十五条 企业、事业单位、机关和其他社会组织等基层单位,应当依法建立工会组织。社区和行政村可以建立工会组织。从实际出发,建立区域性、行业性工会联合会,推进新经济组织、新社会组织工会组织建设。

有会员二十五人以上的,应当成立工会基层委员会;不足二十五人的,可以单独建立工会基层委员会,也可以由两个以上单位的会员联合建立工会基层委员会,也可以选举组织员或者工会主席一人,主持基层工会工作。工会基层委员会有女会员十人以上的建立女职工委员会,不足十人的设女职工委员。

职工二百人以上企业、事业单位的工会设专职工会主席。工会专职工作人员的人数由工会与企业、事业单位协商确定。

基层工会具备法人条件,依法取得社团法人资格,工会主席为法定代表人。

第二十六条 工会基层组织的会员大会或者会员代表大会,每年至少召开一次。经基层工会委员会或者三分之一以上的工会会员提议,可以临时召开会员大会或者会员代表大会。工会会员在一百人以下的基层工会应当召开会员大会。

工会会员大会或者会员代表大会的职权是:

（一）审议和批准工会基层委员会的工作报告。

（二）审议和批准工会基层委员会的经费收支情况报告和经费审查委员会的工作报告。

（三）选举工会基层委员会和经费审查委员会。

（四）撤换或者罢免其所选举的代表或者工会委员会组成人员。

（五）讨论决定工会工作的重大问题。

工会基层委员会和经费审查委员会每届任期三年至五年，具体任期由会员大会或者会员代表大会决定。任期届满，应当如期召开会议，进行换届选举。在特殊情况下，经上一级工会批准，可以提前或者延期举行。

会员代表大会的代表实行常任制，任期与本单位工会委员会相同。

第二十七条　工会基层委员会的委员，应当在会员或者会员代表充分酝酿协商的基础上选举产生；主席、副主席，可以由会员大会或者会员代表大会直接选举产生，也可以由工会基层委员会选举产生。大型企业、事业单位的工会委员会，根据工作需要，经上级工会委员会批准，可以设立常务委员会。工会基层委员会、常务委员会和主席、副主席以及经费审查委员会的选举结果，报上一级工会批准。

第二十八条　工会基层委员会的基本任务是：

（一）执行会员大会或者会员代表大会的决议和上级工会的决定，主持基层工会的日常工作。

（二）代表和组织职工依照法律规定，通过职工代表大会、厂务公开和其他形式，参加本单位民主管理和民主监督，在公司制企业落实职工董事、职工监事制度。企业、事业单位工会委员会是职工代表大会工作机构，负责职工代表大会的日常工作，检查、督促职工代表大会决议的执行。

（三）参与协调劳动关系和调解劳动争议，与企业、事业单位行政方面建立协商制度，协商解决涉及职工切身利益问题。帮助和指导职工与企业、事业单位行政方面签订和履行劳动合同，代表职工与企业、事业单位行政方面签订集体合同或者其他专项协议，并监督执行。

（四）组织职工开展劳动和技能竞赛、合理化建议、技能培训、技术革新和技术协作等活动，培育工匠人才，总结推广先进经验。做好劳动模范和先进生产（工作）者的评选、表彰、培养和管理服务工作。

（五）加强对职工的政治引领和思想教育，开展法治宣传教育，重视人文关怀和心理疏导,鼓励支持职工学习文化科学技术和管理知识,开展健康的文化体育活动。推进企业文化职工文化建设,办好工会文化、教育、体育事业。

(六)监督有关法律、法规的贯彻执行。协助和督促行政方面做好工资、安全生产、职业病防治和社会保险等方面的工作,推动落实职工福利待遇。办好职工集体福利事业,改善职工生活,对困难职工开展帮扶。依法参与生产安全事故和职业病危害事故的调查处理。

(七)维护女职工的特殊利益,同歧视、虐待、摧残、迫害女职工的现象作斗争。

(八)搞好工会组织建设,健全民主制度和民主生活。建立和发展工会积极分子队伍。做好会员的发展、接收、教育和会籍管理工作。加强职工之家建设。

(九)收好、管好、用好工会经费,管理好工会资产和工会的企业、事业。

第二十九条 教育、科研、文化、卫生、体育等事业单位和机关工会,从脑力劳动者比较集中的特点出发开展工作,积极了解和关心职工的思想、工作和生活,推动党的知识分子政策的贯彻落实。组织职工搞好本单位的民主管理和民主监督,为发挥职工的聪明才智,创造良好的条件。

第三十条 工会基层委员会根据工作需要,可以在分厂、车间(科室)建立分厂、车间(科室)工会委员会。分厂、车间(科室)工会委员会由分厂、车间(科室)会员大会或者会员代表大会选举产生,任期和工会基层委员会相同。

工会基层委员会和分厂、车间(科室)委员会,可以根据需要设若干专门委员会或者专门小组。

按照生产(行政)班组建立工会小组,民主选举工会小组长,积极开展工会小组活动。

第六章 工会干部

第三十一条 各级工会组织按照革命化、年轻化、知识化、专业化的要求,努力建设一支坚持党的基本路线,熟悉本职业务,热爱工会工作,受到职工信赖的干部队伍。

第三十二条 工会干部要努力做到：

（一）认真学习马克思列宁主义、毛泽东思想、邓小平理论、“三个代表”重要思想、科学发展观、习近平新时代中国特色社会主义思想，学习政治、经济、历史、文化、科技、法律和工会业务等知识，提高政治能力，增强群众工作本领。

（二）执行党的基本路线和各项方针政策，遵守国家法律、法规，在改革开放和社会主义现代化建设中勇于开拓创新。

（三）信念坚定，忠于职守，勤奋工作，敢于担当，廉洁奉公，顾全大局，维护团结。

（四）坚持实事求是，认真调查研究，如实反映职工的意见、愿望和要求。

（五）坚持原则，不谋私利，热心为职工说话办事，依法维护职工的合法权益。

（六）作风民主，联系群众，增强群众意识和群众感情，自觉接受职工群众的批评和监督。

第三十三条 各级工会组织根据有关规定管理工会干部，重视发现培养和选拔优秀年轻干部、女干部、少数民族干部，成为培养干部的重要基地。

基层工会主席、副主席任期未满不得随意调动其工作。因工作需要调动时，应事先征得本级工会委员会和上一级工会同意。

第三十四条 各级工会组织建立与健全干部培训制度。办好工会干部院校和各种培训班。

第三十五条 各级工会组织关心工会干部的思想、学习和生活，督促落实相应的待遇，支持他们的工作，坚决同打击报复工会干部的行为作斗争。

县和县以上工会设立工会干部权益保障金，保障工会干部依法履行职责。

县和县以上工会可以为基层工会选派、聘用工作人员。

第七章 工会经费和资产

第三十六条 工会经费的来源：

（一）会员交纳的会费。

（二）企业、事业单位、机关和其他社会组织按全部职工工资总额的百分之二向工会拨缴的经费或者建会筹备金。

（三）工会所属的企业、事业单位上缴的收入。

（四）人民政府和企业、事业单位、机关和其他社会组织的补助。

（五）其他收入。

第三十七条 工会经费主要用于为职工服务和开展工会活动。各级工会组织应坚持正确使用方向，加强预算管理，优化支出结构，开展监督检查。

第三十八条 县和县以上各级工会应当与税务、财政等有关部门合作，依照规定做好工会经费收缴和应当由财政负担的工会经费拨缴工作。

未成立工会的企业、事业单位、机关和其他社会组织，按工资总额的百分之二向上级工会拨缴工会建会筹备金。

具备社团法人资格的工会应当依法设立独立经费账户。

第三十九条 工会资产是社会团体资产，中华全国总工会对各级工会的资产拥有终极所有权。各级工会依法依规加强对工会资产的监督、管理，保护工会资产不受损害，促进工会资产保值增值。根据经费独立原则，建立预算、决算、资产监管和经费审查监督制度。实行"统一领导、分级管理"的财务体制、"统一所有、分级监管、单位使用"的资产监管体制和"统一领导、分级管理、分级负责、下审一级"的经费审查监督体制。工会经费、资产的管理和使用办法以及工会经费审查监督制度，由中华全国总工会制定。

第四十条 各级工会委员会按照规定编制和审批预算、决算，定期向会员大会或者会员代表大会和上一级工会委员会报告经费收支和资产管理情况，接受上级和同级工会经费审查委员会审查监督。

第四十一条 工会经费、资产和国家及企业、事业单位等拨给工会的不动产和拨付资金形成的资产受法律保护，任何单位和个人不得侵占、挪用和任意调拨；不经批准，不得改变工会所属企业、事业单位的隶属关系和产权关系。

工会组织合并，其经费资产归合并后的工会所有；工会组织撤销或者解散，其经费资产由上级工会处置。

第八章 会 徽

第四十二条 中国工会会徽，选用汉字"中"、"工"两字，经艺术造型呈圆形重叠组成,并在两字外加一圆线,象征中国工会和中国工人阶级的团结统一。会徽的制作标准,由中华全国总工会规定。

第四十三条 中国工会会徽,可在工会办公地点、活动场所、会议会场悬挂,可作为纪念品、办公用品上的工会标志,也可以作为徽章佩戴。

第九章 附 则

第四十四条 本章程解释权属于中华全国总工会。

最高人民法院关于在民事审判工作中适用《中华人民共和国工会法》若干问题的解释

(2003年1月9日最高人民法院审判委员会第1263次会议通过、2003年6月25日公布、自2003年7月9日起施行 根据2020年12月23日最高人民法院审判委员会第1823次会议通过、2020年12月29日公布、自2021年1月1日起施行的《最高人民法院关于修改〈最高人民法院关于在民事审判工作中适用《中华人民共和国工会法》若干问题的解释〉等二十七件民事类司法解释的决定》修正)

为正确审理涉及工会经费和财产、工会工作人员权利的民事案件,维护工会和职工的合法权益,根据《中华人民共和国民法典》《中华人民共和国工会法》和《中华人民共和国民事诉讼法》等法律的规定,现就有关法律的适用问题解释如下:

第一条 人民法院审理涉及工会组织的有关案件时，应当认定依照工会法建立的工会组织的社团法人资格。具有法人资格的工会组织依法独立享有民事权利，承担民事义务。建立工会的企业、事业单位、机关与所建工会以及工会投资兴办的企业，根据法律和司法解释的规定，应当分别承担各自的民事责任。

第二条 根据工会法第十八条规定，人民法院审理劳动争议案件，涉及确定基层工会专职主席、副主席或者委员延长的劳动合同期限的，应当自上述人员工会职务任职期限届满之日起计算，延长的期限等于其工会职务任职的期间。

工会法第十八条规定的"个人严重过失"，是指具有《中华人民共和国劳动法》第二十五条第（二）项、第（三）项或者第（四）项规定的情形。

第三条 基层工会或者上级工会依照工会法第四十三条规定向人民法院申请支付令的，由被申请人所在地的基层人民法院管辖。

第四条 人民法院根据工会法第四十三条的规定受理工会提出的拨缴工会经费的支付令申请后，应当先行征询被申请人的意见。被申请人仅对应拨缴经费数额有异议的，人民法院应当就无异议部分的工会经费数额发出支付令。

人民法院在审理涉及工会经费的案件中，需要按照工会法第四十二条第一款第（二）项规定的"全部职工""工资总额"确定拨缴数额的，"全部职工""工资总额"的计算，应当按照国家有关部门规定的标准执行。

第五条 根据工会法第四十三条和民事诉讼法的有关规定，上级工会向人民法院申请支付令或者提起诉讼，要求企业、事业单位拨缴工会经费的，人民法院应当受理。基层工会要求参加诉讼的，人民法院可以准许其作为共同申请人或者共同原告参加诉讼。

第六条 根据工会法第五十二条规定，人民法院审理涉及职工和工会工作人员因参加工会活动或者履行工会法规定的职责而被解除劳动合同的劳动争议案件，可以根据当事人的请求裁判用人单位恢复其工作，并补发被解除劳动合同期间应得的报酬；或者根据当事人的请求裁判用人单位给予本人年收入二倍的赔偿，并根据劳动合同法第四十六条、第四十七条规定给予解除劳动合同时的经济补偿。

第七条 对于企业、事业单位无正当理由拖延或者拒不拨缴工会经费的，工会组织向人民法院请求保护其权利的诉讼时效期间，适用民法典第一百八十八条的规定。

第八条　工会组织就工会经费的拨缴向人民法院申请支付令的,应当按照《诉讼费用交纳办法》第十四条的规定交纳申请费;督促程序终结后,工会组织另行起诉的,按照《诉讼费用交纳办法》第十三条规定的财产案件受理费标准交纳诉讼费用。

中华人民共和国劳动法(节录)

(1994年7月5日第八届全国人民代表大会常务委员会第八次会议通过　根据2009年8月27日第十一届全国人民代表大会常务委员会第十次会议《关于修改部分法律的决定》第一次修正　根据2018年12月29日第十三届全国人民代表大会常务委员会第七次会议《关于修改〈中华人民共和国劳动法〉等七部法律的决定》第二次修正)

第七条　劳动者有权依法参加和组织工会。

工会代表和维护劳动者的合法权益,依法独立自主地开展活动。

第八条　劳动者依照法律规定,通过职工大会、职工代表大会或者其他形式,参与民主管理或者就保护劳动者合法权益与用人单位进行平等协商。

第九条　国务院劳动行政部门主管全国劳动工作。

县级以上地方人民政府劳动行政部门主管本行政区域内的劳动工作。

第三十条　用人单位解除劳动合同,工会认为不适当的,有权提出意见。如果用人单位违反法律、法规或者劳动合同,工会有权要求重新处理;劳动者申请仲裁或者提起诉讼的,工会应当依法给予支持和帮助。

第三十一条　劳动者解除劳动合同,应当提前三十日以书面形式通知用人单位。

第三十二条 有下列情形之一的,劳动者可以随时通知用人单位解除劳动合同:

(一)在试用期内的;

(二)用人单位以暴力、威胁或者非法限制人身自由的手段强迫劳动的;

(三)用人单位未按照劳动合同约定支付劳动报酬或者提供劳动条件的。

第三十三条 企业职工一方与企业可以就劳动报酬、工作时间、休息休假、劳动安全卫生、保险福利等事项,签订集体合同。集体合同草案应当提交职工代表大会或者全体职工讨论通过。

集体合同由工会代表职工与企业签订;没有建立工会的企业,由职工推举的代表与企业签订。

第三十四条 集体合同签订后应当报送劳动行政部门;劳动行政部门自收到集体合同文本之日起十五日内未提出异议的,集体合同即行生效。

第三十五条 依法签订的集体合同对企业和企业全体职工具有约束力。职工个人与企业订立的劳动合同中劳动条件和劳动报酬等标准不得低于集体合同的规定。

第四十一条 用人单位由于生产经营需要,经与工会和劳动者协商后可以延长工作时间,一般每日不得超过一小时;因特殊原因需要延长工作时间的,在保障劳动者身体健康的条件下延长工作时间每日不得超过三小时,但是每月不得超过三十六小时。

第四十二条 有下列情形之一的,延长工作时间不受本法第四十一条规定的限制:

(一)发生自然灾害、事故或者因其他原因,威胁劳动者生命健康和财产安全,需要紧急处理的;

(二)生产设备、交通运输线路、公共设施发生故障,影响生产和公众利益,必须及时抢修的;

(三)法律、行政法规规定的其他情形。

第四十三条 用人单位不得违反本法规定延长劳动者的工作时间。

第五十三条 劳动安全卫生设施必须符合国家规定的标准。

新建、改建、扩建工程的劳动安全卫生设施必须与主体工程同时设计、同时施工、同时投入生产和使用。

第八十条 在用人单位内,可以设立劳动争议调解委员会。劳动争议调解委员会由职工代表、用人单位代表和工会代表组成。劳动争议调解委员会主任由工会代表担任。

劳动争议经调解达成协议的，当事人应当履行。

第八十一条　劳动争议仲裁委员会由劳动行政部门代表、同级工会代表、用人单位方面的代表组成。劳动争议仲裁委员会主任由劳动行政部门代表担任。

第八十四条　因签订集体合同发生争议，当事人协商解决不成的，当地人民政府劳动行政部门可以组织有关各方协调处理。

因履行集体合同发生争议，当事人协商解决不成的，可以向劳动争议仲裁委员会申请仲裁；对仲裁裁决不服的，可以自收到仲裁裁决书之日起十五日内向人民法院提起诉讼。

第八十八条　各级工会依法维护劳动者的合法权益，对用人单位遵守劳动法律、法规的情况进行监督。

任何组织和个人对于违反劳动法律、法规的行为有权检举和控告。

中华人民共和国
劳动争议调解仲裁法

（2007 年 12 月 29 日第十届全国人民代表大会常务委员会第三十一次会议通过　2007 年 12 月 29 日中华人民共和国主席令第 80 号公布　自 2008 年 5 月 1 日起施行）

第一章　总　　则

第一条　为了公正及时解决劳动争议，保护当事人合法权益，促进劳动关系和谐稳定,制定本法。

第二条 中华人民共和国境内的用人单位与劳动者发生的下列劳动争议,适用本法:

(一)因确认劳动关系发生的争议;

(二)因订立、履行、变更、解除和终止劳动合同发生的争议;

(三)因除名、辞退和辞职、离职发生的争议;

(四)因工作时间、休息休假、社会保险、福利、培训以及劳动保护发生的争议;

(五)因劳动报酬、工伤医疗费、经济补偿或者赔偿金等发生的争议;

(六)法律、法规规定的其他劳动争议。

第三条 解决劳动争议,应当根据事实,遵循合法、公正、及时、着重调解的原则,依法保护当事人的合法权益。

第四条 发生劳动争议,劳动者可以与用人单位协商,也可以请工会或者第三方共同与用人单位协商,达成和解协议。

第五条 发生劳动争议,当事人不愿协商、协商不成或者达成和解协议后不履行的,可以向调解组织申请调解;不愿调解、调解不成或者达成调解协议后不履行的,可以向劳动争议仲裁委员会申请仲裁;对仲裁裁决不服的,除本法另有规定的外,可以向人民法院提起诉讼。

第六条 发生劳动争议,当事人对自己提出的主张,有责任提供证据。与争议事项有关的证据属于用人单位掌握管理的,用人单位应当提供;用人单位不提供的,应当承担不利后果。

第七条 发生劳动争议的劳动者一方在十人以上,并有共同请求的,可以推举代表参加调解、仲裁或者诉讼活动。

第八条 县级以上人民政府劳动行政部门会同工会和企业方面代表建立协调劳动关系三方机制,共同研究解决劳动争议的重大问题。

第九条 用人单位违反国家规定,拖欠或者未足额支付劳动报酬,或者拖欠工伤医疗费、经济补偿或者赔偿金的,劳动者可以向劳动行政部门投诉,劳动行政部门应当依法处理。

第二章 调　　解

第十条 发生劳动争议,当事人可以到下列调解组织申请调解:

(一)企业劳动争议调解委员会;

(二)依法设立的基层人民调解组织;

(三)在乡镇、街道设立的具有劳动争议调解职能的组织。

企业劳动争议调解委员会由职工代表和企业代表组成。职工代表由工会成员担任或者由全体职工推举产生,企业代表由企业负责人指定。企业劳动争议调解委员会主任由工会成员或者双方推举的人员担任。

第十一条 劳动争议调解组织的调解员应当由公道正派、联系群众、热心调解工作,并具有一定法律知识、政策水平和文化水平的成年公民担任。

第十二条 当事人申请劳动争议调解可以书面申请,也可以口头申请。口头申请的,调解组织应当当场记录申请人基本情况、申请调解的争议事项、理由和时间。

第十三条 调解劳动争议,应当充分听取双方当事人对事实和理由的陈述,耐心疏导,帮助其达成协议。

第十四条 经调解达成协议的,应当制作调解协议书。

调解协议书由双方当事人签名或者盖章,经调解员签名并加盖调解组织印章后生效,对双方当事人具有约束力,当事人应当履行。

自劳动争议调解组织收到调解申请之日起十五日内未达成调解协议的,当事人可以依法申请仲裁。

第十五条 达成调解协议后,一方当事人在协议约定期限内不履行调解协议的,另一方当事人可以依法申请仲裁。

第十六条 因支付拖欠劳动报酬、工伤医疗费、经济补偿或者赔偿金事项达成调解协议,用人单位在协议约定期限内不履行的,劳动者可以持调解协议书依法向人民法院申请支付令。人民法院应当依法发出支付令。

第三章 仲 裁

第一节 一般规定

第十七条 劳动争议仲裁委员会按照统筹规划、合理布局和适应实际需要的原则设立。省、自治区人民政府可以决定在市、县设立;直辖市人民政府可以决定在区、县设立。直辖市、设区的市也可以设立一个或者若干个劳动争议仲裁委员会。劳动争议仲裁委员会不按行政区划层层设立。

第十八条 国务院劳动行政部门依照本法有关规定制定仲裁规则。省、自治区、直辖市人民政府劳动行政部门对本行政区域的劳动争议仲裁工作进行指导。

第十九条 劳动争议仲裁委员会由劳动行政部门代表、工会代表和企业方面代表组成。劳动争议仲裁委员会组成人员应当是单数。

劳动争议仲裁委员会依法履行下列职责:

(一)聘任、解聘专职或者兼职仲裁员;

(二)受理劳动争议案件;

(三)讨论重大或者疑难的劳动争议案件;

(四)对仲裁活动进行监督。

劳动争议仲裁委员会下设办事机构,负责办理劳动争议仲裁委员会的日常工作。

第二十条 劳动争议仲裁委员会应当设仲裁员名册。

仲裁员应当公道正派并符合下列条件之一:

(一)曾任审判员的;

(二)从事法律研究、教学工作并具有中级以上职称的;

(三)具有法律知识、从事人力资源管理或者工会等专业工作满五年的;

(四)律师执业满三年的。

第二十一条 劳动争议仲裁委员会负责管辖本区域内发生的劳动争议。

劳动争议由劳动合同履行地或者用人单位所在地的劳动争议仲裁委员会管辖。双方当事人分别向劳动合同履行地和用人单位所在地的劳动争议仲裁委员会申请仲裁的,由劳动合同履行地的劳动争议仲裁委员会管辖。

第二十二条 发生劳动争议的劳动者和用人单位为劳动争议仲裁案件的双方当事人。

劳务派遣单位或者用工单位与劳动者发生劳动争议的,劳务派遣单位和用工单位为共同当事人。

第二十三条 与劳动争议案件的处理结果有利害关系的第三人,可以申请参加仲裁活动或者由劳动争议仲裁委员会通知其参加仲裁活动。

第二十四条 当事人可以委托代理人参加仲裁活动。委托他人参加仲裁活动,应当向劳动争议仲裁委员会提交有委托人签名或者盖章的委托书,委托书应当载明委托事项和权限。

第二十五条 丧失或者部分丧失民事行为能力的劳动者,由其法定代理人代为参加仲裁活动;无法定代理人的,由劳动争议仲裁委员会为其指定代理人。劳动者死亡的,由其近亲属或者代理人参加仲裁活动。

第二十六条 劳动争议仲裁公开进行,但当事人协议不公开进行或者涉及国家秘密、商业秘密和个人隐私的除外。

第二节 申请和受理

第二十七条 劳动争议申请仲裁的时效期间为一年。仲裁时效期间从当事人知道或者应当知道其权利被侵害之日起计算。

前款规定的仲裁时效,因当事人一方向对方当事人主张权利,或者向有关部门请求权利救济,或者对方当事人同意履行义务而中断。从中断时起,仲裁时效期间重新计算。

因不可抗力或者有其他正当理由,当事人不能在本条第一款规定的仲裁时效期间申请仲裁的,仲裁时效中止。从中止时效的原因消除之日起,仲裁时效期间继续计算。

劳动关系存续期间因拖欠劳动报酬发生争议的,劳动者申请仲裁不受本条第一款规定的仲裁时效期间的限制;但是,劳动关系终止的,应当自劳动关系终止之日起一年内提出。

第二十八条 申请人申请仲裁应当提交书面仲裁申请,并按照被申请人人数提交副本。

仲裁申请书应当载明下列事项：

（一）劳动者的姓名、性别、年龄、职业、工作单位和住所，用人单位的名称、住所和法定代表人或者主要负责人的姓名、职务；

（二）仲裁请求和所根据的事实、理由；

（三）证据和证据来源、证人姓名和住所。

书写仲裁申请确有困难的，可以口头申请，由劳动争议仲裁委员会记入笔录，并告知对方当事人。

第二十九条 劳动争议仲裁委员会收到仲裁申请之日起五日内，认为符合受理条件的，应当受理，并通知申请人；认为不符合受理条件的，应当书面通知申请人不予受理，并说明理由。对劳动争议仲裁委员会不予受理或者逾期未作出决定的，申请人可以就该劳动争议事项向人民法院提起诉讼。

第三十条 劳动争议仲裁委员会受理仲裁申请后，应当在五日内将仲裁申请书副本送达被申请人。

被申请人收到仲裁申请书副本后，应当在十日内向劳动争议仲裁委员会提交答辩书。劳动争议仲裁委员会收到答辩书后，应当在五日内将答辩书副本送达申请人。被申请人未提交答辩书的，不影响仲裁程序的进行。

第三节 开庭和裁决

第三十一条 劳动争议仲裁委员会裁决劳动争议案件实行仲裁庭制。仲裁庭由三名仲裁员组成，设首席仲裁员。简单劳动争议案件可以由一名仲裁员独任仲裁。

第三十二条 劳动争议仲裁委员会应当在受理仲裁申请之日起五日内将仲裁庭的组成情况书面通知当事人。

第三十三条 仲裁员有下列情形之一，应当回避，当事人也有权以口头或者书面方式提出回避申请：

（一）是本案当事人或者当事人、代理人的近亲属的；

（二）与本案有利害关系的；

（三）与本案当事人、代理人有其他关系，可能影响公正裁决的；

（四）私自会见当事人、代理人，或者接受当事人、代理人的请客送礼的。

劳动争议仲裁委员会对回避申请应当及时作出决定，并以口头或者书面方式通知当事人。

第三十四条 仲裁员有本法第三十三条第四项规定情形，或者有索贿受贿、徇私舞弊、枉法裁决行为的，应当依法承担法律责任。劳动争议仲裁委员会应当将其解聘。

第三十五条 仲裁庭应当在开庭五日前，将开庭日期、地点书面通知双方当事人。当事人有正当理由的，可以在开庭三日前请求延期开庭。是否延期，由劳动争议仲裁委员会决定。

第三十六条 申请人收到书面通知，无正当理由拒不到庭或者未经仲裁庭同意中途退庭的，可以视为撤回仲裁申请。

被申请人收到书面通知，无正当理由拒不到庭或者未经仲裁庭同意中途退庭的，可以缺席裁决。

第三十七条 仲裁庭对专门性问题认为需要鉴定的，可以交由当事人约定的鉴定机构鉴定；当事人没有约定或者无法达成约定的，由仲裁庭指定的鉴定机构鉴定。

根据当事人的请求或者仲裁庭的要求，鉴定机构应当派鉴定人参加开庭。当事人经仲裁庭许可，可以向鉴定人提问。

第三十八条 当事人在仲裁过程中有权进行质证和辩论。质证和辩论终结时，首席仲裁员或者独任仲裁员应当征询当事人的最后意见。

第三十九条 当事人提供的证据经查证属实的，仲裁庭应当将其作为认定事实的根据。

劳动者无法提供由用人单位掌握管理的与仲裁请求有关的证据，仲裁庭可以要求用人单位在指定期限内提供。用人单位在指定期限内不提供的，应当承担不利后果。

第四十条 仲裁庭应当将开庭情况记入笔录。当事人和其他仲裁参加人认为对自己陈述的记录有遗漏或者差错的，有权申请补正。如果不予补正，应当记录该申请。

笔录由仲裁员、记录人员、当事人和其他仲裁参加人签名或者盖章。

第四十一条 当事人申请劳动争议仲裁后，可以自行和解。达成和解协议的，可以撤回仲裁申请。

第四十二条 仲裁庭在作出裁决前,应当先行调解。

调解达成协议的,仲裁庭应当制作调解书。

调解书应当写明仲裁请求和当事人协议的结果。调解书由仲裁员签名,加盖劳动争议仲裁委员会印章,送达双方当事人。调解书经双方当事人签收后,发生法律效力。

调解不成或者调解书送达前,一方当事人反悔的,仲裁庭应当及时作出裁决。

第四十三条 仲裁庭裁决劳动争议案件,应当自劳动争议仲裁委员会受理仲裁申请之日起四十五日内结束。案情复杂需要延期的,经劳动争议仲裁委员会主任批准,可以延期并书面通知当事人,但是延长期限不得超过十五日。逾期未作出仲裁裁决的,当事人可以就该劳动争议事项向人民法院提起诉讼。

仲裁庭裁决劳动争议案件时,其中一部分事实已经清楚,可以就该部分先行裁决。

第四十四条 仲裁庭对追索劳动报酬、工伤医疗费、经济补偿或者赔偿金的案件,根据当事人的申请,可以裁决先予执行,移送人民法院执行。

仲裁庭裁决先予执行的,应当符合下列条件:

(一)当事人之间权利义务关系明确;

(二)不先予执行将严重影响申请人的生活。

劳动者申请先予执行的,可以不提供担保。

第四十五条 裁决应当按照多数仲裁员的意见作出,少数仲裁员的不同意见应当记入笔录。仲裁庭不能形成多数意见时,裁决应当按照首席仲裁员的意见作出。

第四十六条 裁决书应当载明仲裁请求、争议事实、裁决理由、裁决结果和裁决日期。裁决书由仲裁员签名,加盖劳动争议仲裁委员会印章。对裁决持不同意见的仲裁员,可以签名,也可以不签名。

第四十七条 下列劳动争议,除本法另有规定的外,仲裁裁决为终局裁决,裁决书自作出之日起发生法律效力:

(一)追索劳动报酬、工伤医疗费、经济补偿或者赔偿金,不超过当地月最低工资标准十二个月金额的争议;

(二)因执行国家的劳动标准在工作时间、休息休假、社会保险等方面发生的争议。

第四十八条 劳动者对本法第四十七条规定的仲裁裁决不服的,可以自收到仲裁裁决书之日起十五日内向人民法院提起诉讼。

第四十九条 用人单位有证据证明本法第四十七条规定的仲裁裁决有下列情形之一,可以自收到仲裁裁决书之日起三十日内向劳动争议仲裁委员会所在地的中级人民法院申请撤销裁决:

(一)适用法律、法规确有错误的;

(二)劳动争议仲裁委员会无管辖权的;

(三)违反法定程序的;

(四)裁决所根据的证据是伪造的;

(五)对方当事人隐瞒了足以影响公正裁决的证据的;

(六)仲裁员在仲裁该案时有索贿受贿、徇私舞弊、枉法裁决行为的。

人民法院经组成合议庭审查核实裁决有前款规定情形之一的,应当裁定撤销。

仲裁裁决被人民法院裁定撤销的,当事人可以自收到裁定书之日起十五日内就该劳动争议事项向人民法院提起诉讼。

第五十条 当事人对本法第四十七条规定以外的其他劳动争议案件的仲裁裁决不服的,可以自收到仲裁裁决书之日起十五日内向人民法院提起诉讼;期满不起诉的,裁决书发生法律效力。

第五十一条 当事人对发生法律效力的调解书、裁决书,应当依照规定的期限履行。一方当事人逾期不履行的,另一方当事人可以依照民事诉讼法的有关规定向人民法院申请执行。受理申请的人民法院应当依法执行。

第四章 附 则

第五十二条 事业单位实行聘用制的工作人员与本单位发生劳动争议的,依照本法执行;法律、行政法规或者国务院另有规定的,依照其规定。

第五十三条 劳动争议仲裁不收费。劳动争议仲裁委员会的经费由财政予以保障。

第五十四条 本法自 2008 年 5 月 1 日起施行。

中华人民共和国
劳动合同法(节录)

(2007年6月29日第十届全国人民代表大会常务委员会第二十八次会议通过　根据2012年12月28日第十一届全国人民代表大会常务委员会第三十次会议《关于修改〈中华人民共和国劳动合同法〉的决定》修正)

第四条　用人单位应当依法建立和完善劳动规章制度,保障劳动者享有劳动权利、履行劳动义务。

用人单位在制定、修改或者决定有关劳动报酬、工作时间、休息休假、劳动安全卫生、保险福利、职工培训、劳动纪律以及劳动定额管理等直接涉及劳动者切身利益的规章制度或者重大事项时,应当经职工代表大会或者全体职工讨论,提出方案和意见,与工会或者职工代表平等协商确定。

在规章制度和重大事项决定实施过程中,工会或者职工认为不适当的,有权向用人单位提出,通过协商予以修改完善。

用人单位应当将直接涉及劳动者切身利益的规章制度和重大事项决定公示,或者告知劳动者。

第五条　县级以上人民政府劳动行政部门会同工会和企业方面代表,建立健全协调劳动关系三方机制,共同研究解决有关劳动关系的重大问题。

第六条　工会应当帮助、指导劳动者与用人单位依法订立和履行劳动合同,并与用人单位建立集体协商机制,维护劳动者的合法权益。

第四十一条　有下列情形之一,需要裁减人员二十人以上或者裁减不足二十人但占企业职工总数百分之十以上的,用人单位提前三十日向工会或者

全体职工说明情况,听取工会或者职工的意见后,裁减人员方案经向劳动行政部门报告,可以裁减人员:

(一)依照企业破产法规定进行重整的;

(二)生产经营发生严重困难的;

(三)企业转产、重大技术革新或者经营方式调整,经变更劳动合同后,仍需裁减人员的;

(四)其他因劳动合同订立时所依据的客观经济情况发生重大变化,致使劳动合同无法履行的。

裁减人员时,应当优先留用下列人员:

(一)与本单位订立较长期限的固定期限劳动合同的;

(二)与本单位订立无固定期限劳动合同的;

(三)家庭无其他就业人员,有需要扶养的老人或者未成年人的。

用人单位依照本条第一款规定裁减人员,在六个月内重新招用人员的,应当通知被裁减的人员,并在同等条件下优先招用被裁减的人员。

第四十二条　劳动者有下列情形之一的,用人单位不得依照本法第四十条、第四十一条的规定解除劳动合同:

(一)从事接触职业病危害作业的劳动者未进行离岗前职业健康检查,或者疑似职业病病人在诊断或者医学观察期间的;

(二)在本单位患职业病或者因工负伤并被确认丧失或者部分丧失劳动能力的;

(三)患病或者非因工负伤,在规定的医疗期内的;

(四)女职工在孕期、产期、哺乳期的;

(五)在本单位连续工作满十五年,且距法定退休年龄不足五年的;

(六)法律、行政法规规定的其他情形。

第四十三条　用人单位单方解除劳动合同,应当事先将理由通知工会。用人单位违反法律、行政法规规定或者劳动合同约定的,工会有权要求用人单位纠正。用人单位应当研究工会的意见,并将处理结果书面通知工会。

第五十一条　企业职工一方与用人单位通过平等协商,可以就劳动报酬、工作时间、休息休假、劳动安全卫生、保险福利等事项订立集体合同。集体合同草案应当提交职工代表大会或者全体职工讨论通过。

集体合同由工会代表企业职工一方与用人单位订立;尚未建立工会的用人单位,由上级工会指导劳动者推举的代表与用人单位订立。

第五十二条 企业职工一方与用人单位可以订立劳动安全卫生、女职工权益保护、工资调整机制等专项集体合同。

第五十三条 在县级以下区域内,建筑业、采矿业、餐饮服务业等行业可以由工会与企业方面代表订立行业性集体合同,或者订立区域性集体合同。

第五十四条 集体合同订立后,应当报送劳动行政部门;劳动行政部门自收到集体合同文本之日起十五日内未提出异议的,集体合同即行生效。

依法订立的集体合同对用人单位和劳动者具有约束力。行业性、区域性集体合同对当地本行业、本区域的用人单位和劳动者具有约束力。

第五十五条 集体合同中劳动报酬和劳动条件等标准不得低于当地人民政府规定的最低标准;用人单位与劳动者订立的劳动合同中劳动报酬和劳动条件等标准不得低于集体合同规定的标准。

第五十六条 用人单位违反集体合同,侵犯职工劳动权益的,工会可以依法要求用人单位承担责任;因履行集体合同发生争议,经协商解决不成的,工会可以依法申请仲裁、提起诉讼。

第六十四条 被派遣劳动者有权在劳务派遣单位或者用工单位依法参加或者组织工会,维护自身的合法权益。

第七十三条 国务院劳动行政部门负责全国劳动合同制度实施的监督管理。

县级以上地方人民政府劳动行政部门负责本行政区域内劳动合同制度实施的监督管理。

县级以上各级人民政府劳动行政部门在劳动合同制度实施的监督管理工作中,应当听取工会、企业方面代表以及有关行业主管部门的意见。

第七十八条 工会依法维护劳动者的合法权益,对用人单位履行劳动合同、集体合同的情况进行监督。用人单位违反劳动法律、法规和劳动合同、集体合同的,工会有权提出意见或者要求纠正;劳动者申请仲裁、提起诉讼的,工会依法给予支持和帮助。

中华人民共和国安全生产法(节录)

(2002年6月29日第九届全国人民代表大会常务委员会第二十八次会议通过　根据2009年8月27日第十一届全国人民代表大会常务委员会第十次会议《关于修改部分法律的决定》第一次修正　根据2014年8月31日第十二届全国人民代表大会常务委员会第十次会议《关于修改〈中华人民共和国安全生产法〉的决定》第二次修正　根据2021年6月10日第十三届全国人民代表大会常务委员会第二十九次会议《关于修改〈中华人民共和国安全生产法〉的决定》第三次修正)

第七条　工会依法对安全生产工作进行监督。

生产经营单位的工会依法组织职工参加本单位安全生产工作的民主管理和民主监督,维护职工在安全生产方面的合法权益。生产经营单位制定或者修改有关安全生产的规章制度,应当听取工会的意见。

第三十一条　生产经营单位新建、改建、扩建工程项目(以下统称建设项目)的安全设施,必须与主体工程同时设计、同时施工、同时投入生产和使用。安全设施投资应当纳入建设项目概算。

第五十四条　从业人员有权对本单位安全生产工作中存在的问题提出批评、检举、控告;有权拒绝违章指挥和强令冒险作业。

生产经营单位不得因从业人员对本单位安全生产工作提出批评、检举、控告或者拒绝违章指挥、强令冒险作业而降低其工资、福利等待遇或者解除与其订立的劳动合同。

第五十六条　生产经营单位发生生产安全事故后,应当及时采取措施救治有关人员。

因生产安全事故受到损害的从业人员,除依法享有工伤保险外,依照有关民事法律尚有获得赔偿的权利的,有权提出赔偿要求。

第六十条　工会有权对建设项目的安全设施与主体工程同时设计、同时施工、同时投入生产和使用进行监督，提出意见。

工会对生产经营单位违反安全生产法律、法规，侵犯从业人员合法权益的行为，有权要求纠正；发现生产经营单位违章指挥、强令冒险作业或者发现事故隐患时，有权提出解决的建议，生产经营单位应当及时研究答复；发现危及从业人员生命安全的情况时，有权向生产经营单位建议组织从业人员撤离危险场所，生产经营单位必须立即作出处理。

工会有权依法参加事故调查，向有关部门提出处理意见，并要求追究有关人员的责任。

中华人民共和国
职业病防治法（节录）

（2001年10月27日第九届全国人民代表大会常务委员会第二十四次会议通过　根据2011年12月31日第十一届全国人民代表大会常务委员会第二十四次会议《关于修改〈中华人民共和国职业病防治法〉的决定》第一次修正　根据2016年7月2日第十二届全国人民代表大会常务委员会第二十一次会议《关于修改〈中华人民共和国节约能源法〉等六部法律的决定》第二次修正　根据2017年11月4日第十二届全国人民代表大会常务委员会第三十次会议《关于修改〈中华人民共和国会计法〉等十一部法律的决定》第三次修正　根据2018年12月29日第十三届全国人民代表大会常务委员会第七次会议《关于修改〈中华人民共和国劳动法〉等七部法律的决定》第四次修正）

第二十条　用人单位应当采取下列职业病防治管理措施：

(一)设置或者指定职业卫生管理机构或者组织,配备专职或者兼职的职业卫生管理人员,负责本单位的职业病防治工作;

(二)制定职业病防治计划和实施方案;

(三)建立、健全职业卫生管理制度和操作规程;

(四)建立、健全职业卫生档案和劳动者健康监护档案;

(五)建立、健全工作场所职业病危害因素监测及评价制度;

(六)建立、健全职业病危害事故应急救援预案。

第二十一条　用人单位应当保障职业病防治所需的资金投入,不得挤占、挪用,并对因资金投入不足导致的后果承担责任。

第二十二条　用人单位必须采用有效的职业病防护设施,并为劳动者提供个人使用的职业病防护用品。

用人单位为劳动者个人提供的职业病防护用品必须符合防治职业病的要求;不符合要求的,不得使用。

第二十三条　用人单位应当优先采用有利于防治职业病和保护劳动者健康的新技术、新工艺、新设备、新材料,逐步替代职业病危害严重的技术、工艺、设备、材料。

第二十四条　产生职业病危害的用人单位,应当在醒目位置设置公告栏,公布有关职业病防治的规章制度、操作规程、职业病危害事故应急救援措施和工作场所职业病危害因素检测结果。

对产生严重职业病危害的作业岗位,应当在其醒目位置,设置警示标识和中文警示说明。警示说明应当载明产生职业病危害的种类、后果、预防以及应急救治措施等内容。

第二十五条　对可能发生急性职业损伤的有毒、有害工作场所,用人单位应当设置报警装置,配置现场急救用品、冲洗设备、应急撤离通道和必要的泄险区。

对放射工作场所和放射性同位素的运输、贮存,用人单位必须配置防护设备和报警装置,保证接触放射线的工作人员佩戴个人剂量计。

对职业病防护设备、应急救援设施和个人使用的职业病防护用品,用人单位应当进行经常性的维护、检修,定期检测其性能和效果,确保其处于正常状态,不得擅自拆除或者停止使用。

第二十六条　用人单位应当实施由专人负责的职业病危害因素日常监

测，并确保监测系统处于正常运行状态。

用人单位应当按照国务院卫生行政部门的规定，定期对工作场所进行职业病危害因素检测、评价。检测、评价结果存入用人单位职业卫生档案，定期向所在地卫生行政部门报告并向劳动者公布。

职业病危害因素检测、评价由依法设立的取得国务院卫生行政部门或者设区的市级以上地方人民政府卫生行政部门按照职责分工给予资质认可的职业卫生技术服务机构进行。职业卫生技术服务机构所作检测、评价应当客观、真实。

发现工作场所职业病危害因素不符合国家职业卫生标准和卫生要求时，用人单位应当立即采取相应治理措施，仍然达不到国家职业卫生标准和卫生要求的，必须停止存在职业病危害因素的作业；职业病危害因素经治理后，符合国家职业卫生标准和卫生要求的，方可重新作业。

第二十七条 职业卫生技术服务机构依法从事职业病危害因素检测、评价工作，接受卫生行政部门的监督检查。卫生行政部门应当依法履行监督职责。

第二十八条 向用人单位提供可能产生职业病危害的设备的，应当提供中文说明书，并在设备的醒目位置设置警示标识和中文警示说明。警示说明应当载明设备性能、可能产生的职业病危害、安全操作和维护注意事项、职业病防护以及应急救治措施等内容。

第二十九条 向用人单位提供可能产生职业病危害的化学品、放射性同位素和含有放射性物质的材料的，应当提供中文说明书。说明书应当载明产品特性、主要成份、存在的有害因素、可能产生的危害后果、安全使用注意事项、职业病防护以及应急救治措施等内容。产品包装应当有醒目的警示标识和中文警示说明。贮存上述材料的场所应当在规定的部位设置危险物品标识或者放射性警示标识。

国内首次使用或者首次进口与职业病危害有关的化学材料，使用单位或者进口单位按照国家规定经国务院有关部门批准后，应当向国务院卫生行政部门报送该化学材料的毒性鉴定以及经有关部门登记注册或者批准进口的文件等资料。

进口放射性同位素、射线装置和含有放射性物质的物品的，按照国家有关规定办理。

第三十条　任何单位和个人不得生产、经营、进口和使用国家明令禁止使用的可能产生职业病危害的设备或者材料。

第三十一条　任何单位和个人不得将产生职业病危害的作业转移给不具备职业病防护条件的单位和个人。不具备职业病防护条件的单位和个人不得接受产生职业病危害的作业。

第三十二条　用人单位对采用的技术、工艺、设备、材料,应当知悉其产生的职业病危害,对有职业病危害的技术、工艺、设备、材料隐瞒其危害而采用的,对所造成的职业病危害后果承担责任。

第三十三条　用人单位与劳动者订立劳动合同(含聘用合同,下同)时,应当将工作过程中可能产生的职业病危害及其后果、职业病防护措施和待遇等如实告知劳动者,并在劳动合同中写明,不得隐瞒或者欺骗。

劳动者在已订立劳动合同期间因工作岗位或者工作内容变更,从事与所订立劳动合同中未告知的存在职业病危害的作业时,用人单位应当依照前款规定,向劳动者履行如实告知的义务,并协商变更原劳动合同相关条款。

用人单位违反前两款规定的,劳动者有权拒绝从事存在职业病危害的作业,用人单位不得因此解除与劳动者所订立的劳动合同。

第三十四条　用人单位的主要负责人和职业卫生管理人员应当接受职业卫生培训,遵守职业病防治法律、法规,依法组织本单位的职业病防治工作。

用人单位应当对劳动者进行上岗前的职业卫生培训和在岗期间的定期职业卫生培训,普及职业卫生知识,督促劳动者遵守职业病防治法律、法规、规章和操作规程,指导劳动者正确使用职业病防护设备和个人使用的职业病防护用品。

劳动者应当学习和掌握相关的职业卫生知识,增强职业病防范意识,遵守职业病防治法律、法规、规章和操作规程,正确使用、维护职业病防护设备和个人使用的职业病防护用品,发现职业病危害事故隐患应当及时报告。

劳动者不履行前款规定义务的,用人单位应当对其进行教育。

第三十五条　对从事接触职业病危害的作业的劳动者,用人单位应当按照国务院卫生行政部门的规定组织上岗前、在岗期间和离岗时的职业健康检查,并将检查结果书面告知劳动者。职业健康检查费用由用人单位承担。

用人单位不得安排未经上岗前职业健康检查的劳动者从事接触职业病

危害的作业；不得安排有职业禁忌的劳动者从事其所禁忌的作业；对在职业健康检查中发现有与所从事的职业相关的健康损害的劳动者，应当调离原工作岗位，并妥善安置；对未进行离岗前职业健康检查的劳动者不得解除或者终止与其订立的劳动合同。

职业健康检查应当由取得《医疗机构执业许可证》的医疗卫生机构承担。卫生行政部门应当加强对职业健康检查工作的规范管理，具体管理办法由国务院卫生行政部门制定。

第三十六条 用人单位应当为劳动者建立职业健康监护档案，并按照规定的期限妥善保存。

职业健康监护档案应当包括劳动者的职业史、职业病危害接触史、职业健康检查结果和职业病诊疗等有关个人健康资料。

劳动者离开用人单位时，有权索取本人职业健康监护档案复印件，用人单位应当如实、无偿提供，并在所提供的复印件上签章。

第三十七条 发生或者可能发生急性职业病危害事故时，用人单位应当立即采取应急救援和控制措施，并及时报告所在地卫生行政部门和有关部门。卫生行政部门接到报告后，应当及时会同有关部门组织调查处理；必要时，可以采取临时控制措施。卫生行政部门应当组织做好医疗救治工作。

对遭受或者可能遭受急性职业病危害的劳动者，用人单位应当及时组织救治、进行健康检查和医学观察，所需费用由用人单位承担。

第三十八条 用人单位不得安排未成年工从事接触职业病危害的作业；不得安排孕期、哺乳期的女职工从事对本人和胎儿、婴儿有危害的作业。

第三十九条 劳动者享有下列职业卫生保护权利：

（一）获得职业卫生教育、培训；

（二）获得职业健康检查、职业病诊疗、康复等职业病防治服务；

（三）了解工作场所产生或者可能产生的职业病危害因素、危害后果和应当采取的职业病防护措施；

（四）要求用人单位提供符合防治职业病要求的职业病防护设施和个人使用的职业病防护用品，改善工作条件；

（五）对违反职业病防治法律、法规以及危及生命健康的行为提出批评、检举和控告；

（六）拒绝违章指挥和强令进行没有职业病防护措施的作业；

(七)参与用人单位职业卫生工作的民主管理,对职业病防治工作提出意见和建议。

用人单位应当保障劳动者行使前款所列权利。因劳动者依法行使正当权利而降低其工资、福利等待遇或者解除、终止与其订立的劳动合同的,其行为无效。

第四十条　工会组织应当督促并协助用人单位开展职业卫生宣传教育和培训,有权对用人单位的职业病防治工作提出意见和建议,依法代表劳动者与用人单位签订劳动安全卫生专项集体合同,与用人单位就劳动者反映的有关职业病防治的问题进行协调并督促解决。

工会组织对用人单位违反职业病防治法律、法规,侵犯劳动者合法权益的行为,有权要求纠正;产生严重职业病危害时,有权要求采取防护措施,或者向政府有关部门建议采取强制性措施;发生职业病危害事故时,有权参与事故调查处理;发现危及劳动者生命健康的情形时,有权向用人单位建议组织劳动者撤离危险现场,用人单位应当立即作出处理。

第四十一条　用人单位按照职业病防治要求,用于预防和治理职业病危害、工作场所卫生检测、健康监护和职业卫生培训等费用,按照国家有关规定,在生产成本中据实列支。

第四十二条　职业卫生监督管理部门应当按照职责分工,加强对用人单位落实职业病防护管理措施情况的监督检查,依法行使职权,承担责任。

第四章　职业病诊断与职业病病人保障

第四十三条　职业病诊断应当由取得《医疗机构执业许可证》的医疗卫生机构承担。卫生行政部门应当加强对职业病诊断工作的规范管理,具体管理办法由国务院卫生行政部门制定。

承担职业病诊断的医疗卫生机构还应当具备下列条件:

(一)具有与开展职业病诊断相适应的医疗卫生技术人员;

(二)具有与开展职业病诊断相适应的仪器、设备;

(三)具有健全的职业病诊断质量管理制度。

承担职业病诊断的医疗卫生机构不得拒绝劳动者进行职业病诊断的要求。

第四十四条 劳动者可以在用人单位所在地、本人户籍所在地或者经常居住地依法承担职业病诊断的医疗卫生机构进行职业病诊断。

第四十七条 用人单位应当如实提供职业病诊断、鉴定所需的劳动者职业史和职业病危害接触史、工作场所职业病危害因素检测结果等资料；卫生行政部门应当监督检查和督促用人单位提供上述资料；劳动者和有关机构也应当提供与职业病诊断、鉴定有关的资料。

职业病诊断、鉴定机构需要了解工作场所职业病危害因素情况时，可以对工作场所进行现场调查，也可以向卫生行政部门提出，卫生行政部门应当在十日内组织现场调查。用人单位不得拒绝、阻挠。

第四十八条 职业病诊断、鉴定过程中，用人单位不提供工作场所职业病危害因素检测结果等资料的，诊断、鉴定机构应当结合劳动者的临床表现、辅助检查结果和劳动者的职业史、职业病危害接触史，并参考劳动者的自述、卫生行政部门提供的日常监督检查信息等，作出职业病诊断、鉴定结论。

劳动者对用人单位提供的工作场所职业病危害因素检测结果等资料有异议，或者因劳动者的用人单位解散、破产，无用人单位提供上述资料的，诊断、鉴定机构应当提请卫生行政部门进行调查，卫生行政部门应当自接到申请之日起三十日内对存在异议的资料或者工作场所职业病危害因素情况作出判定；有关部门应当配合。

第四十九条 职业病诊断、鉴定过程中，在确认劳动者职业史、职业病危害接触史时，当事人对劳动关系、工种、工作岗位或者在岗时间有争议的，可以向当地的劳动人事争议仲裁委员会申请仲裁；接到申请的劳动人事争议仲裁委员会应当受理，并在三十日内作出裁决。

当事人在仲裁过程中对自己提出的主张，有责任提供证据。劳动者无法提供由用人单位掌握管理的与仲裁主张有关的证据的，仲裁庭应当要求用人单位在指定期限内提供；用人单位在指定期限内不提供的，应当承担不利后果。

劳动者对仲裁裁决不服的，可以依法向人民法院提起诉讼。

用人单位对仲裁裁决不服的，可以在职业病诊断、鉴定程序结束之日起十五日内依法向人民法院提起诉讼；诉讼期间，劳动者的治疗费用按照职业病待遇规定的途径支付。

第五十二条 当事人对职业病诊断有异议的，可以向作出诊断的医疗卫生机构所在地地方人民政府卫生行政部门申请鉴定。

职业病诊断争议由设区的市级以上地方人民政府卫生行政部门根据当事人的申请,组织职业病诊断鉴定委员会进行鉴定。

当事人对设区的市级职业病诊断鉴定委员会的鉴定结论不服的,可以向省、自治区、直辖市人民政府卫生行政部门申请再鉴定。

第五十五条 医疗卫生机构发现疑似职业病病人时,应当告知劳动者本人并及时通知用人单位。

用人单位应当及时安排对疑似职业病病人进行诊断;在疑似职业病病人诊断或者医学观察期间,不得解除或者终止与其订立的劳动合同。

疑似职业病病人在诊断、医学观察期间的费用,由用人单位承担。

第五十六条 用人单位应当保障职业病病人依法享受国家规定的职业病待遇。

用人单位应当按照国家有关规定,安排职业病病人进行治疗、康复和定期检查。

用人单位对不适宜继续从事原工作的职业病病人,应当调离原岗位,并妥善安置。

用人单位对从事接触职业病危害的作业的劳动者,应当给予适当岗位津贴。

第五十七条 职业病病人的诊疗、康复费用,伤残以及丧失劳动能力的职业病病人的社会保障,按照国家有关工伤保险的规定执行。

第五十八条 职业病病人除依法享有工伤保险外,依照有关民事法律,尚有获得赔偿的权利的,有权向用人单位提出赔偿要求。

第五十九条 劳动者被诊断患有职业病,但用人单位没有依法参加工伤保险的,其医疗和生活保障由该用人单位承担。

第六十条 职业病病人变动工作单位,其依法享有的待遇不变。

用人单位在发生分立、合并、解散、破产等情形时,应当对从事接触职业病危害的作业的劳动者进行健康检查,并按照国家有关规定妥善安置职业病病人。

第六十一条 用人单位已经不存在或者无法确认劳动关系的职业病病人,可以向地方人民政府医疗保障、民政部门申请医疗救助和生活等方面的救助。

地方各级人民政府应当根据本地区的实际情况,采取其他措施,使前款规定的职业病病人获得医疗救治。

集体合同规定

（2004年1月20日劳动和社会保障部令第22号公布）

第一章　总　则

第一条　为规范集体协商和签订集体合同行为，依法维护劳动者和用人单位的合法权益，根据《中华人民共和国劳动法》和《中华人民共和国工会法》，制定本规定。

第二条　中华人民共和国境内的企业和实行企业化管理的事业单位（以下统称用人单位）与本单位职工之间进行集体协商，签订集体合同，适用本规定。

第三条　本规定所称集体合同，是指用人单位与本单位职工根据法律、法规、规章的规定，就劳动报酬、工作时间、休息休假、劳动安全卫生、职业培训、保险福利等事项，通过集体协商签订的书面协议；所称专项集体合同，是指用人单位与本单位职工根据法律、法规、规章的规定，就集体协商的某项内容签订的专项书面协议。

第四条　用人单位与本单位职工签订集体合同或专项集体合同，以及确定相关事宜，应当采取集体协商的方式。集体协商主要采取协商会议的形式。

第五条　进行集体协商，签订集体合同或专项集体合同，应当遵循下列原则：

（一）遵守法律、法规、规章及国家有关规定；

（二）相互尊重，平等协商；

（三）诚实守信，公平合作；

(四)兼顾双方合法权益;

(五)不得采取过激行为。

第六条 符合本规定的集体合同或专项集体合同,对用人单位和本单位的全体职工具有法律约束力。

用人单位与职工个人签订的劳动合同约定的劳动条件和劳动报酬等标准,不得低于集体合同或专项集体合同的规定。

第七条 县级以上劳动保障行政部门对本行政区域内用人单位与本单位职工开展集体协商、签订、履行集体合同的情况进行监督,并负责审查集体合同或专项集体合同。

第二章 集体协商内容

第八条 集体协商双方可以就下列多项或某项内容进行集体协商,签订集体合同或专项集体合同:

(一)劳动报酬;

(二)工作时间;

(三)休息休假;

(四)劳动安全与卫生;

(五)补充保险和福利;

(六)女职工和未成年工特殊保护;

(七)职业技能培训;

(八)劳动合同管理;

(九)奖惩;

(十)裁员;

(十一)集体合同期限;

(十二)变更、解除集体合同的程序;

(十三)履行集体合同发生争议时的协商处理办法;

(十四)违反集体合同的责任;

(十五)双方认为应当协商的其他内容。

第九条 劳动报酬主要包括:

(一)用人单位工资水平、工资分配制度、工资标准和工资分配形式;
(二)工资支付办法;
(三)加班、加点工资及津贴、补贴标准和奖金分配办法;
(四)工资调整办法;
(五)试用期及病、事假等期间的工资待遇;
(六)特殊情况下职工工资(生活费)支付办法;
(七)其他劳动报酬分配办法。

第十条 工作时间主要包括:
(一)工时制度;
(二)加班加点办法;
(三)特殊工种的工作时间;
(四)劳动定额标准。

第十一条 休息休假主要包括:
(一)日休息时间、周休息日安排、年休假办法;
(二)不能实行标准工时职工的休息休假;
(三)其他假期。

第十二条 劳动安全卫生主要包括:
(一)劳动安全卫生责任制;
(二)劳动条件和安全技术措施;
(三)安全操作规程;
(四)劳保用品发放标准;
(五)定期健康检查和职业健康体检。

第十三条 补充保险和福利主要包括:
(一)补充保险的种类、范围;
(二)基本福利制度和福利设施;
(三)医疗期延长及其待遇;
(四)职工亲属福利制度。

第十四条 女职工和未成年工的特殊保护主要包括:
(一)女职工和未成年工禁忌从事的劳动;
(二)女职工的经期、孕期、产期和哺乳期的劳动保护;
(三)女职工、未成年工定期健康检查;

（四）未成年工的使用和登记制度。

第十五条 职业技能培训主要包括：

（一）职业技能培训项目规划及年度计划；

（二）职业技能培训费用的提取和使用；

（三）保障和改善职业技能培训的措施。

第十六条 劳动合同管理主要包括：

（一）劳动合同签订时间；

（二）确定劳动合同期限的条件；

（三）劳动合同变更、解除、续订的一般原则及无固定期限劳动合同的终止条件；

（四）试用期的条件和期限。

第十七条 奖惩主要包括：

（一）劳动纪律；

（二）考核奖惩制度；

（三）奖惩程序。

第十八条 裁员主要包括：

（一）裁员的方案；

（二）裁员的程序；

（三）裁员的实施办法和补偿标准。

第三章 集体协商代表

第十九条 本规定所称集体协商代表（以下统称协商代表），是指按照法定程序产生并有权代表本方利益进行集体协商的人员。

集体协商双方的代表人数应当对等，每方至少 3 人，并各确定 1 名首席代表。

第二十条 职工一方的协商代表由本单位工会选派。未建立工会的，由本单位职工民主推荐，并经本单位半数以上职工同意。

职工一方的首席代表由本单位工会主席担任。工会主席可以书面委托其他协商代表代理首席代表。工会主席空缺的，首席代表由工会主要负责人担任。未建立工会的,职工一方的首席代表从协商代表中民主推举产生。

第二十一条 用人单位一方的协商代表,由用人单位法定代表人指派,首席代表由单位法定代表人担任或由其书面委托的其他管理人员担任。

第二十二条 协商代表履行职责的期限由被代表方确定。

第二十三条 集体协商双方首席代表可以书面委托本单位以外的专业人员作为本方协商代表。委托人数不得超过本方代表的三分之一。

首席代表不得由非本单位人员代理。

第二十四条 用人单位协商代表与职工协商代表不得相互兼任。

第二十五条 协商代表应履行下列职责:

(一)参加集体协商;

(二)接受本方人员质询,及时向本方人员公布协商情况并征求意见;

(三)提供与集体协商有关的情况和资料;

(四)代表本方参加集体协商争议的处理;

(五)监督集体合同或专项集体合同的履行;

(六)法律、法规和规章规定的其他职责。

第二十六条 协商代表应当维护本单位正常的生产、工作秩序,不得采取威胁、收买、欺骗等行为。

协商代表应当保守在集体协商过程中知悉的用人单位的商业秘密。

第二十七条 企业内部的协商代表参加集体协商视为提供了正常劳动。

第二十八条 职工一方协商代表在其履行协商代表职责期间劳动合同期满的,劳动合同期限自动延长至完成履行协商代表职责之时,除出现下列情形之一的,用人单位不得与其解除劳动合同:

(一)严重违反劳动纪律或用人单位依法制定的规章制度的;

(二)严重失职、营私舞弊,对用人单位利益造成重大损害的;

(三)被依法追究刑事责任的。

职工一方协商代表履行协商代表职责期间,用人单位无正当理由不得调整其工作岗位。

第二十九条 职工一方协商代表就本规定第二十七条、第二十八条的规定与用人单位发生争议的,可以向当地劳动争议仲裁委员会申请仲裁。

第三十条 工会可以更换职工一方协商代表;未建立工会的,经本单位半数以上职工同意可以更换职工一方协商代表。

用人单位法定代表人可以更换用人单位一方协商代表。

第三十一条 协商代表因更换、辞任或遇有不可抗力等情形造成空缺的,应在空缺之日起 15 日内按照本规定产生新的代表。

第四章 集体协商程序

第三十二条 集体协商任何一方均可就签订集体合同或专项集体合同以及相关事宜,以书面形式向对方提出进行集体协商的要求。

一方提出进行集体协商要求的,另一方应当在收到集体协商要求之日起 20 日内以书面形式给以回应,无正当理由不得拒绝进行集体协商。

第三十三条 协商代表在协商前应进行下列准备工作:

(一)熟悉与集体协商内容有关的法律、法规、规章和制度;

(二)了解与集体协商内容有关的情况和资料,收集用人单位和职工对协商意向所持的意见;

(三)拟定集体协商议题,集体协商议题可由提出协商一方起草,也可由双方指派代表共同起草;

(四)确定集体协商的时间、地点等事项;

(五)共同确定一名非协商代表担任集体协商记录员。记录员应保持中立、公正,并为集体协商双方保密。

第三十四条 集体协商会议由双方首席代表轮流主持,并按下列程序进行:

(一)宣布议程和会议纪律;

(二)一方首席代表提出协商的具体内容和要求,另一方首席代表就对方的要求作出回应;

(三)协商双方就商谈事项发表各自意见,开展充分讨论;

(四)双方首席代表归纳意见。达成一致的,应当形成集体合同草案或专项集体合同草案,由双方首席代表签字。

第三十五条 集体协商未达成一致意见或出现事先未预料的问题时,经双方协商,可以中止协商。中止期限及下次协商时间、地点、内容由双方商定。

第五章 集体合同的订立、变更、解除和终止

第三十六条 经双方协商代表协商一致的集体合同草案或专项集体合同草案应当提交职工代表大会或者全体职工讨论。

职工代表大会或者全体职工讨论集体合同草案或专项集体合同草案,应当有三分之二以上职工代表或者职工出席,且须经全体职工代表半数以上或者全体职工半数以上同意,集体合同草案或专项集体合同草案方获通过。

第三十七条 集体合同草案或专项集体合同草案经职工代表大会或者职工大会通过后,由集体协商双方首席代表签字。

第三十八条 集体合同或专项集体合同期限一般为1至3年,期满或双方约定的终止条件出现,即行终止。

集体合同或专项集体合同期满前3个月内,任何一方均可向对方提出重新签订或续订的要求。

第三十九条 双方协商代表协商一致,可以变更或解除集体合同或专项集体合同。

第四十条 有下列情形之一的,可以变更或解除集体合同或专项集体合同:

(一)用人单位因被兼并、解散、破产等原因,致使集体合同或专项集体合同无法履行的;

(二)因不可抗力等原因致使集体合同或专项集体合同无法履行或部分无法履行的;

(三)集体合同或专项集体合同约定的变更或解除条件出现的;

(四)法律、法规、规章规定的其他情形。

第四十一条 变更或解除集体合同或专项集体合同适用本规定的集体协商程序。

第六章 集体合同审查

第四十二条 集体合同或专项集体合同签订或变更后,应当自双方首席代表签字之日起10日内,由用人单位一方将文本一式三份报送劳动保障行

政部门审查。

劳动保障行政部门对报送的集体合同或专项集体合同应当办理登记手续。

第四十三条　集体合同或专项集体合同审查实行属地管辖,具体管辖范围由省级劳动保障行政部门规定。

中央管辖的企业以及跨省、自治区、直辖市的用人单位的集体合同应当报送劳动保障部或劳动保障部指定的省级劳动保障行政部门。

第四十四条　劳动保障行政部门应当对报送的集体合同或专项集体合同的下列事项进行合法性审查:

(一)集体协商双方的主体资格是否符合法律、法规和规章规定;

(二)集体协商程序是否违反法律、法规、规章规定;

(三)集体合同或专项集体合同内容是否与国家规定相抵触。

第四十五条　劳动保障行政部门对集体合同或专项集体合同有异议的,应当自收到文本之日起15日内将《审查意见书》送达双方协商代表。《审查意见书》应当载明以下内容:

(一)集体合同或专项集体合同当事人双方的名称、地址;

(二)劳动保障行政部门收到集体合同或专项集体合同的时间;

(三)审查意见;

(四)作出审查意见的时间。

《审查意见书》应当加盖劳动保障行政部门印章。

第四十六条　用人单位与本单位职工就劳动保障行政部门提出异议的事项经集体协商重新签订集体合同或专项集体合同的,用人单位一方应当根据本规定第四十二条的规定将文本报送劳动保障行政部门审查。

第四十七条　劳动保障行政部门自收到文本之日起15日内未提出异议的,集体合同或专项集体合同即行生效。

第四十八条　生效的集体合同或专项集体合同,应当自其生效之日起由协商代表及时以适当的形式向本方全体人员公布。

第七章　集体协商争议的协调处理

第四十九条　集体协商过程中发生争议,双方当事人不能协商解决的,当事人一方或双方可以书面向劳动保障行政部门提出协调处理申请;未提出申请的,劳动保障行政部门认为必要时也可以进行协调处理。

第五十条 劳动保障行政部门应当组织同级工会和企业组织等三方面的人员,共同协调处理集体协商争议。

第五十一条 集体协商争议处理实行属地管辖,具体管辖范围由省级劳动保障行政部门规定。

中央管辖的企业以及跨省、自治区、直辖市用人单位因集体协商发生的争议,由劳动保障部指定的省级劳动保障行政部门组织同级工会和企业组织等三方面的人员协调处理,必要时,劳动保障部也可以组织有关方面协调处理。

第五十二条 协调处理集体协商争议,应当自受理协调处理申请之日起30日内结束协调处理工作。期满未结束的,可以适当延长协调期限,但延长期限不得超过15日。

第五十三条 协调处理集体协商争议应当按照以下程序进行:

(一)受理协调处理申请;

(二)调查了解争议的情况;

(三)研究制定协调处理争议的方案;

(四)对争议进行协调处理;

(五)制作《协调处理协议书》。

第五十四条 《协调处理协议书》应当载明协调处理申请、争议的事实和协调结果,双方当事人就某些协商事项不能达成一致的,应将继续协商的有关事项予以载明。《协调处理协议书》由集体协商争议协调处理人员和争议双方首席代表签字盖章后生效。争议双方均应遵守生效后的《协调处理协议书》。

第八章 附 则

第五十五条 因履行集体合同发生的争议,当事人协商解决不成的,可以依法向劳动争议仲裁委员会申请仲裁。

第五十六条 用人单位无正当理由拒绝工会或职工代表提出的集体协

商要求的，按照《工会法》及有关法律、法规的规定处理。

第五十七条　本规定于2004年5月1日起实施。原劳动部1994年12月5日颁布的《集体合同规定》同时废止。

企业工会工作条例

（2006年12月11日中华全国总工会第十四届
执行委员会第四次全体会议通过）

第一章　总　　则

第一条　为加强和改进企业工会工作，发挥企业工会作用，根据《工会法》、《劳动法》和《中国工会章程》，制定本条例。

第二条　企业工会是中华全国总工会的基层组织，是工会的重要组织基础和工作基础，是企业工会会员和职工合法权益的代表者和维护者。

第三条　企业工会以邓小平理论和“三个代表”重要思想为指导，贯彻科学发展观，坚持全心全意依靠工人阶级根本指导方针，走中国特色社会主义工会发展道路，落实“组织起来、切实维权”的工作方针，团结和动员职工为实现全面建设小康社会宏伟目标作贡献。

第四条　企业工会贯彻促进企业发展、维护职工权益的工作原则，协调企业劳动关系，推动建设和谐企业。

第五条　企业工会在本企业党组织和上级工会的领导下，依照法律和工会章程独立自主地开展工作，密切联系职工群众，关心职工群众生产生活，热忱为职工群众服务，努力建设成为组织健全、维权到位、工作活跃、作用明显、职工信赖的职工之家。

第二章 企业工会组织

第六条 企业工会依法组织职工加入工会,维护职工参加工会的权利。

第七条 会员二十五人以上的企业建立工会委员会;不足二十五人的可以单独建立工会委员会,也可以由两个以上企业的会员按地域或行业联合建立基层工会委员会。同时按有关规定建立工会经费审查委员会、工会女职工委员会。

企业工会具备法人条件的,依法取得社会团体法人资格,工会主席是法定代表人。企业工会受法律保护,任何组织和个人不得随意撤销或将工会工作机构合并、归属到其他部门。

企业改制须同时建立健全工会组织。

第八条 会员大会或会员代表大会是企业工会的权力机关,每年召开一至两次会议。经企业工会委员会或三分之一以上会员提议可临时召开会议。

会员代表大会的代表由会员民主选举产生,会员代表实行常任制,任期与企业本届工会委员会相同,可连选连任。

会员在一百人以下的企业工会应召开会员大会。

第九条 会员大会或会员代表大会的职权:

(一)审议和批准工会委员会的工作报告。

(二)审议和批准工会委员会的经费收支情况报告和经费审查委员会的工作报告。

(三)选举工会委员会和经费审查委员会。

(四)听取工会主席、副主席的述职报告,并进行民主评议。

(五)撤换或者罢免其所选举的代表或者工会委员会组成人员。

(六)讨论决定工会工作其他重大问题。

第十条 会员大会或会员代表大会与职工代表大会或职工大会须分别行使职权,不得相互替代。

第十一条 企业工会委员会由会员大会或会员代表大会差额选举产生,选举结果报上一级工会批准,每届任期三年或者五年。

大型企业工会经上级工会批准,可设立常务委员会,负责工会委员会的日常工作,其下属单位可建立工会委员会。

第十二条 企业工会委员会是会员大会或会员代表大会的常设机构,对会员大会或会员代表大会负责,接受会员监督。在会员大会或会员代表大会闭会期间,负责日常工作。

第十三条 企业工会委员会根据工作需要,设立相关工作机构或专门工作委员会、工作小组。

工会专职工作人员一般按不低于企业职工人数的千分之三配备,具体人数由上级工会、企业工会与企业行政协商确定。

根据工作需要和经费许可,工会可从社会聘用工会工作人员,建立专兼职相结合的干部队伍。

第十四条 企业工会委员会实行民主集中制,重要问题须经集体讨论作出决定。

第十五条 企业工会委员(常委)会一般每季度召开一次会议,讨论或决定以下问题:

(一)贯彻执行会员大会或会员代表大会决议和党组织、上级工会有关决定、工作部署的措施。

(二)提交会员大会或会员代表大会的工作报告和向党组织、上级工会的重要请示、报告。

(三)工会工作计划和总结。

(四)向企业提出涉及企业发展和职工权益重大问题的建议。

(五)工会经费预算执行情况及重大财务支出。

(六)由工会委员会讨论和决定的其他问题。

第十六条 企业生产车间、班组建立工会分会、工会小组,会员民主选举工会主席、工会小组长,组织开展工会活动。

第十七条 建立工会积极分子队伍,发挥工会积极分子作用。

第三章 基本任务和活动方式

第十八条 企业工会的基本任务:

(一)执行会员大会或会员代表大会的决议和上级工会的决定。

(二)组织职工依法通过职工代表大会或职工大会和其他形式,参加企业民主管理和民主监督,检查督促职工代表大会或职工大会决议的执行。

(三)帮助和指导职工与企业签订劳动合同。就劳动报酬、工作时间、劳动定额、休息休假、劳动安全卫生、保险福利等与企业平等协商、签订集体合同,并监督集体合同的履行。调解劳动争议。

(四)组织职工开展劳动竞赛、合理化建议、技术革新、技术攻关、技术协作、发明创造、岗位练兵、技术比赛等群众性经济技术创新活动。

(五)组织培养、评选、表彰劳动模范,负责做好劳动模范的日常管理工作。

(六)对职工进行思想政治教育,组织职工学习文化、科学和业务知识,提高职工素质。办好职工文化、教育、体育事业,开展健康的文化体育活动。

(七)协助和督促企业做好劳动报酬、劳动安全卫生和保险福利等方面的工作,监督有关法律法规的贯彻执行。参与劳动安全卫生事故的调查处理。协助企业办好职工集体福利事业,做好困难职工帮扶救助工作,为职工办实事、做好事、解难事。

(八)维护女职工的特殊利益。

(九)加强组织建设,健全民主生活,做好会员会籍管理工作。

(十)收好、管好、用好工会经费,管理好工会资产和工会企(事)业。

第十九条 坚持群众化、民主化,实行会务公开。凡涉及会员群众利益的重要事项,须经会员大会或会员代表大会讨论决定;工作计划、重大活动、经费收支等情况接受会员监督。

第二十条 按照会员和职工群众的意愿,依靠会员和职工群众,开展形式多样的工会活动。

第二十一条 工会召开会议或者组织职工活动,需要占用生产时间的,应当事先征得企业的同意。企业行政应积极支持工会开展活动。

工会非专职委员占用生产或工作时间参加会议或者从事工会工作,在法律规定的时间内工资照发,其他待遇不受影响。

第二十二条 开展建设职工之家活动,建立会员评议建家工作制度,增强工会凝聚力,提高工会工作水平。

推动企业关爱职工,引导职工热爱企业,创建劳动关系和谐企业。

第四章　工会主席

第二十三条　职工二百人以上的企业工会依法配备专职工会主席。由同级党组织负责人担任工会主席的，应配备专职工会副主席。

第二十四条　国有、集体及其控股企业工会主席候选人，应由同级党组织和上级工会在充分听取会员意见的基础上协商提名。工会主席按企业党政同级副职级条件配备，是共产党员的应进入同级党组织领导班子。专职工会副主席按不低于企业中层正职配备。

私营企业、外商投资企业、港澳台商投资企业工会主席候选人，由会员民主推荐，报上一级工会同意提名；也可以由上级工会推荐产生。已建党组织的企业工会主席候选人须经党组织审核。工会主席享受企业行政副职待遇。

企业行政负责人、合伙人及其近亲属不得作为本企业工会委员会成员的人选。

第二十五条　工会主席、副主席可以由会员大会或会员代表大会直接选举产生，也可以由企业工会委员会选举产生。工会主席出现空缺，须按民主程序及时进行补选。

第二十六条　工会主席应当具备下列条件：

（一）政治立场坚定，热爱工会工作。

（二）具有与履行职责相应的文化程度、法律法规和生产经营管理知识。

（三）作风民主，密切联系群众，热心为会员和职工服务。

（四）有较强的协调劳动关系和组织活动能力。

第二十七条　企业工会主席的职权：

（一）负责召集工会委员会会议，主持工会日常工作。

（二）参加企业涉及职工切身利益和有关生产经营重大问题的会议，反映职工的意愿和要求，提出工会的意见。

（三）以职工方首席代表的身份，代表和组织职工与企业进行平等协商、签订集体合同。

（四）代表和组织职工参与企业民主管理。

（五）代表和组织职工依法监督企业执行劳动安全卫生等法律法规，要求纠正侵犯职工和工会合法权益的行为。

（六）担任劳动争议调解委员会主任，主持企业劳动争议调解委员会的工作。

（七）向上级工会报告重要信息。

（八）负责管理工会资产和经费。

第二十八条 按照法律规定，企业工会主席、副主席任期未满时，不得随意调动其工作。因工作需要调动时，应征得本级工会委员会和上一级工会的同意。

罢免工会主席、副主席必须召开会员大会或会员代表大会讨论，非经会员大会全体会员或者会员代表大会全体代表无记名投票过半数通过，不得罢免。

工会专职主席、副主席或者委员自任职之日起，其劳动合同期限自动延长，延长期限相当于其任职期间；非专职主席、副主席或者委员自任职之日起，其尚未履行的劳动合同期限短于任期的，劳动合同期限自动延长至任期期满。任职期间个人严重过失或者达到法定退休年龄的除外。

第二十九条 新任企业工会主席、副主席，应在一年内参加上级工会举办的上岗资格或业务培训。

第五章 工作机制和制度

第三十条 帮助和指导职工签订劳动合同。代表职工与企业协商确定劳动合同文本的主要内容和条件，为职工签订劳动合同提供法律、技术等方面的咨询和服务。监督企业与所有职工签订劳动合同。

工会对企业违反法律法规和有关合同规定解除职工劳动合同的，应提出意见并要求企业将处理结果书面通知工会。工会应对企业经济性裁员事先提出同意或否决的意见。

监督企业和引导职工严格履行劳动合同，依法督促企业纠正违反劳动合同的行为。

第三十一条 依法与企业进行平等协商，签订集体合同，并可就劳动报酬、劳动安全卫生、女职工特殊权益保护等签订专项集体合同。

工会应将劳动报酬、工作时间、劳动定额、保险福利、劳动安全卫生等问题作为协商重点内容。

工会依照民主程序选派职工协商代表,可依法委托本企业以外的专业人士作为职工协商代表,但不得超过本方协商代表总数的三分之一。

小型企业集中的地方,可由上一级工会直接代表职工与相应的企业组织或企业进行平等协商,签订县以下区域性、行业性集体合同或专项集体合同。

劳务派遣工集中的企业,工会可与企业、劳务公司共同协商签订集体合同。

第三十二条 工会发出集体协商书面要约二十日内,企业不予回应的,工会可要求上级工会协调;企业无正当理由拒绝集体协商的,工会可提请县级以上人民政府责令改正,依法处理;企业违反集体合同规定的,工会可依法要求企业承担责任。

第三十三条 企业工会是职工代表大会或职工大会的工作机构,负责职工代表大会或职工大会的日常工作。

职工代表大会的代表经职工民主选举产生。职工代表大会中的一线职工代表一般不少于职工代表总数的百分之五十。女职工、少数民族职工代表应占相应比例。

第三十四条 国有企业、国有控股企业职工代表大会或职工大会的职权:

(一)听取审议企业生产经营、安全生产、重组改制等重大决策以及实行厂务公开、履行集体合同情况报告,提出意见和建议。

(二)审议通过集体合同草案、企业改制职工安置方案。审查同意或否决涉及职工切身利益的重要事项和企业规章制度。

(三)审议决定职工生活福利方面的重大事项。

(四)民主评议监督企业中层以上管理人员,提出奖惩任免建议。

(五)依法行使选举权。

(六)法律法规规定的其他权利。

集体(股份合作制)企业职工代表大会或职工大会的职权:

(一)制定、修改企业章程。

（二）选举、罢免企业经营管理人员。

（三）审议决定经营管理以及企业合并、分立、变更、破产等重大事项。

（四）监督企业贯彻执行国家有关劳动安全卫生等法律法规、实行厂务公开、执行职代会决议等情况。

（五）审议决定有关职工福利的重大事项。

私营企业、外商投资企业和港澳台商投资企业职工代表大会或职工大会的职权：

（一）听取企业发展规划和年度计划、生产经营等方面的报告，提出意见和建议。

（二）审议通过涉及职工切身利益重大问题的方案和企业重要规章制度、集体合同草案等。

（三）监督企业贯彻执行国家有关劳动安全卫生等法律法规、实行厂务公开、履行集体合同和执行职代会决议、缴纳职工社会保险、处分和辞退职工的情况。

（四）法律法规、政策和企业规章制度规定及企业授权和集体协商议定的其他权利。

第三十五条　职工代表大会或职工大会应有全体职工代表或全体职工三分之二以上参加方可召开。职工代表大会或职工大会进行选举和作出重要决议、决定，须采用无记名投票方式进行表决，经全体职工代表或全体职工过半数通过。

小型企业工会可联合建立区域或行业职工代表大会，解决本区域或行业涉及职工利益的共性问题。

公司制企业不得以股东会取代职工代表大会或职工大会。

第三十六条　督促企业建立和规范厂务公开制度。

第三十七条　凡设立董事会、监事会的公司制企业，工会应依法督促企业建立职工董事、职工监事制度。

职工董事、职工监事人选由企业工会提名，通过职工代表大会或职工大会民主选举产生，表达职工意愿和诉求，接受职工监督。企业工会主席、副主席一般应分别作为职工董事、职工监事的候选人。

第三十八条　建立劳动法律监督委员会，职工人数较少的企业应设立工会劳动法律监督员，对企业执行有关劳动报酬、劳动安全卫生、工作时间、休息休假、女职工和未成年工保护、保险福利等劳动法律法规情况进行群众监督。

第三十九条 建立劳动保护监督检查委员会,生产班组中设立工会小组劳动保护检查员。建立完善工会监督检查、重大事故隐患和职业危害建档跟踪、群众举报等制度,建立工会劳动保护工作责任制。依法参加职工因工伤亡事故和其他严重危害职工健康问题的调查处理。协助与督促企业落实法律赋予工会与职工安全生产方面的知情权、参与权、监督权和紧急避险权。开展群众性安全生产活动。

依照国家法律法规对企业新建、扩建和技术改造工程中的劳动条件和安全卫生设施与主体工程同时设计、同时施工、同时使用进行监督。

发现企业违章指挥、强令工人冒险作业,或者生产过程中发现明显重大事故隐患和职业危害,工会应提出解决的建议;发现危及职工生命安全的情况,工会有权组织职工撤离危险现场。

第四十条 依法建立企业劳动争议调解委员会,劳动争议调解委员会由职工代表、企业代表和工会代表组成,办事机构设在企业工会。职工代表和工会代表的人数不得少于调解委员会成员总数的三分之二。

建立劳动争议预警机制,发挥劳动争议调解组织的预防功能,建立企业劳动争议信息员制度,做好劳动争议预测、预报、预防工作。

企业发生停工、怠工事件,工会应当积极同企业或者有关方面协商,反映职工的意见和要求并提出解决意见,协助企业做好工作,尽快恢复生产、工作秩序。

第四十一条 开展困难职工生活扶助、医疗救助、子女就学和职工互助互济等工作。有条件的企业工会建立困难职工帮扶资金。

第六章 女职工工作

第四十二条 企业工会有女会员十名以上的,应建立工会女职工委员会,不足十名的应设女职工委员。

女职工委员会在企业工会委员会领导和上一级工会女职工委员会指导下开展工作。

女职工委员会主任由企业工会女主席或副主席担任。企业工会没有女主席或副主席的，由符合相应条件的工会女职工委员担任，享受同级工会副主席待遇。

女职工委员会委员任期与同级工会委员会委员相同。

第四十三条 女职工委员会依法维护女职工的合法权益，重点是女职工经期、孕期、产期、哺乳期保护，禁忌劳动、卫生保健、生育保险等特殊利益。

第四十四条 女职工委员会定期研究涉及女职工特殊权益问题，向企业工会委员会和上级女职工委员会报告工作，重要问题应提交企业职工代表大会或职工大会审议。

第四十五条 企业工会应为女职工委员会开展工作与活动提供必要的经费。

第七章 工会经费和资产

第四十六条 督促企业依法按每月全部职工工资总额的百分之二向工会拨缴经费、提供工会办公和开展活动的必要设施和场所等物质条件。

第四十七条 工会依法设立独立银行账户，自主管理和使用工会经费、会费。工会经费、会费主要用于为职工服务和工会活动。

第四十八条 督促企业按国家有关规定支付工会会同企业开展的职工教育培训、劳动保护、劳动竞赛、技术创新、职工疗休养、困难职工补助、企业文化建设等工作所需费用。

第四十九条 工会经费审查委员会代表会员群众对工会经费收支和财产管理进行审查监督。

建立经费预算、决算和经费审查监督制度，经费收支情况接受同级工会经费审查委员会审查，接受上级工会审计，并定期向会员大会或会员代表大会报告。

第五十条 企业工会经费、财产和企业拨给工会使用的不动产受法律保护，任何单位和个人不得侵占、挪用和任意调拨。

企业工会组织合并，其经费财产归合并后的工会所有；工会组织撤销或解散，其经费财产由上级工会处置。

第八章 工会与企业党组织、行政和上级工会

第五十一条 企业工会接受同级党组织和上级工会双重领导，以同级党组织领导为主。未建立党组织的企业，其工会由上一级工会领导。

第五十二条 企业工会与企业行政具有平等的法律地位，相互尊重、相互支持、平等合作，共谋企业发展。

企业工会与企业可以通过联席会、民主议事会、民主协商会、劳资恳谈会等形式，建立协商沟通制度。

第五十三条 企业工会支持企业依法行使经营管理权，动员和组织职工完成生产经营任务。

督促企业按照有关规定，按职工工资总额的百分之一点五至百分之二点五、百分之一分别提取职工教育培训费用和劳动竞赛奖励经费，并严格管理和使用。

第五十四条 企业行政应依法支持工会履行职责，为工会开展工作创造必要条件。

第五十五条 上级工会负有对企业工会指导和服务的职责，为企业工会开展工作提供法律、政策、信息、培训和会员优惠等方面的服务，帮助企业工会协调解决工作中的困难和问题。

企业工会在履行职责遇到困难时，可请上级工会代行企业工会维权职责。

第五十六条 县以上地方工会设立保护工会干部专项经费，为维护企业工会干部合法权益提供保障。经费来源从本级工会经费中列支，也可以通过其它渠道多方筹集。

建立上级工会保护企业工会干部责任制。对因履行职责受到打击报复或不公正待遇以及有特殊困难的企业工会干部，上级工会应提供保护和帮助。

上级工会与企业工会、企业行政协商，可对企业工会兼职干部给予适当补贴。

第五十七条 上级工会应建立对企业工会干部的考核、激励机制，对依

法履行职责作出突出贡献的工会干部给予表彰奖励。

工会主席、副主席不履行职责，上级工会应责令其改正；情节严重的可以提出罢免的建议，按照有关规定予以罢免。

第九章　附　　则

第五十八条　本条例适用于中华人民共和国境内所有企业和实行企业化管理的事业单位工会。

第五十九条　本条例由中华全国总工会解释。

第六十条　本条例自公布之日起施行。

工会参加平等协商和签订集体合同试行办法

（1995 年 8 月 17 日中华全国总工会发布）

第一章　总　　则

第一条　为了规范和指导工会代表职工依法与企业进行平等协商和签订集体合同，维护职工的合法权益，建立稳定和谐的劳动关系，促进企业发展，根据《中华人民共和国劳动法》和《中华人民共和国工会法》，制定本办法。

第二条　本办法适用于各类企业工会。上级工会依照本办法对企业工会与企业平等协商和签订集体合同的工作进行帮助、指导和监督检查。

第三条　平等协商是指企业工会代表职工与企业就涉及职工合法权益

等事项进行商谈的行为。

企业工会应当与企业建立平等协商制度,定期或不定期就涉及职工合法权益等事项进行平等协商。

第四条 集体合同是企业工会代表职工与企业就劳动报酬、工作时间、休息休假、劳动安全卫生、保险福利等事项通过平等协商订立的书面协议。

第五条 工会与企业平等协商订立集体合同应当遵循下列原则:

(一)合法;

(二)平等合作;

(三)协商一致;

(四)兼顾国家、企业和职工利益;

(五)维护正常的生产、工作秩序。

第六条 劳动合同规定的劳动标准不得低于集体合同的规定。

第二章 平等协商

第七条 企业工会应当就下列涉及职工合法权益的事项与企业进行平等协商:

(一)集体合同和劳动合同的订立、变更、续订、解除,已订立的集体合同和劳动合同的履行监督检查;

(二)企业涉及职工利益的规章制度的制定和修改;

(三)企业职工的劳动报酬、工作时间和休息休假、保险、福利、劳动安全卫生、女职工和未成年工的特殊保护、职业培训及职工文化体育生活;

(四)劳动争议的预防和处理;

(五)职工民主管理;

(六)双方认为需要协商的其他事项。

第八条 参加平等协商的工会一方首席代表为工会主席;工会主席可以书面委托工会其他负责人为首席代表。

工会一方的其他代表可以由工会各工作委员会主任、女职工组织的代表和职工代表大会议定的职工代表组成。

工会可以聘请有关专业人员作为顾问参加平等协商。

第九条　工会代表一经产生，无特殊情况必须履行其义务。因特殊情况造成空缺的，应当由工会重新指派代表。

第十条　工会代表在劳动合同期内自担任代表之日起五年内除个人严重过失外，企业不得与其解除劳动合同。

个人严重过失包括严重违反劳动纪律或用人单位规章制度和严重失职、营私舞弊，对用人单位造成重大损害以及被依法追究刑事责任等。

第十一条　工会应当按照以下程序与企业进行平等协商：

（一）建立定期协商机制的企业，双方首席代表应当在协商前一周，将拟定协商的事项通知对方，属不定期协商的事项，提议方应当与对方共同商定平等协商的内容、时间和地点；

（二）协商开始时，由提议方将协商事项按双方议定的程序，逐一提交协商会议讨论；

（三）一般问题，经双方代表协商一致，协议即可成立，重大问题的协议草案，应当提交职工代表大会或全体职工审议通过；

（四）协商中如有临时提议，应当在各项议程讨论完毕后始得提出，取得对方同意后方可列入协商程序；

（五）经协商形成一致意见，由双方代表分别在有关人员及职工中传达或共同召集会议传达；

（六）平等协商未达成一致或出现事先未预料的问题时，经双方同意，可以暂时中止协商，协商中止期限最长不超过60天，具体中止期限及下次协商的具体时间、地点、内容由双方共同商定。

第十二条　在不违反法律、法规规定的情况下，工会有权要求企业提供与平等协商有关的情况和资料。

第十三条　平等协商意见一致，应当订立单项协议或集体合同。

第三章　集体合同的内容

第十四条　集体合同主要规定当事人的义务和履行义务的措施。

第十五条　集体合同包括以下内容：

(一)企业劳动标准;

(二)集体合同的期限,变更、解除与终止,监督、检查;

(三)争议处理;

(四)违约责任;

(五)双方约定的其他事项。

第十六条 集体合同所规定的企业劳动标准包括:

(一)劳动报酬:包括工资分配方式,工资支付办法,工资增减幅度,最低工资,计件工资标准,延长工作时间付酬标准,特殊情况下工资标准等;

(二)工作时间:包括日工作时间,周工作时间,延长工作时间和夜班工作时间,劳动定额的确定,轮班岗位的轮班形式及时间等;

(三)休息休假:包括日休息时间,周休息日安排,法定休假日,年休假标准,不能实行标准工时的职工休息休假等;

(四)保险:包括职工工伤、医疗、养老、失业、生育等依法参加社会保险,企业补充保险的设立项目、资金来源及享受的条件和标准,职工死亡后遗属的待遇和企业补贴或救济等;

(五)福利待遇:包括企业集体福利设施的修建,职工文化和体育活动的经费来源,职工生活条件和住房条件的改善,职工补贴和津贴标准,困难职工救济,职工疗养、休养等;

(六)职业培训:包括职工上岗前和工作中的培训,转岗培训,培训的周期和时间及培训期间的工资及福利待遇等;

(七)劳动安全卫生:包括劳动安全卫生的目标,劳动保护的具体措施,劳动条件和作业环境改善的具体标准和实施项目,新建、改建、扩建工程的设计、施工中的劳动安全卫生设施与主体工程配套的内容,有职业危害作业劳动者的健康检查,劳动保护用品发放,特殊作业的抢险救护办法,以及劳动安全卫生监督检查等;

(八)企业富余职工的安置办法;

(九)女职工和未成年工特殊保护;

(十)其他经双方商定的事项。

第十七条 集体合同规定的企业劳动标准,不得低于劳动法律、法规和当地政府规定的最低标准。

第四章 集体合同的签订程序

第十八条 签订集体合同之前工会应当收集职工和企业有关部门的意见,单独或与企业共同拟定集体合同草案。

第十九条 工会拟定集体合同草案,可以参照下列资料:

(一)有关法律、法规和政策;

(二)与本企业有关的国家宏观调控的政策措施;

(三)同行业和具有可比性企业的劳动标准;

(四)企业生产经营情况及有关的计划、指标;

(五)政府部门公布的有关物价指数等数据资料;

(六)本地区就业状况资料;

(七)集体合同范本;

(八)其他与签订集体合同有关的资料。

第二十条 工会根据拟定的集体合同草案按照本办法第二章的有关规定与企业进行平等协商。

第二十一条 经协商达成一致的集体合同草案文本应当提交职工代表大会或全体职工审议,工会代表应当就草案的产生过程、主要劳动标准条件的确定依据及各自承担的主要义务作出说明。

第二十二条 集体合同草案经职工代表大会或全体职工审议通过后,由企业法定代表人与企业工会主席签字。

集体合同草案经审议未获通过的,由双方重新协商,进行修改。

第二十三条 集体合同签字后,在报送劳动行政部门的同时,企业工会应当将集体合同文本、附件及说明报送上一级工会。

第二十四条 集体合同生效后,应依法向全体职工公布。

第五章 集体合同的变更、解除和终止

第二十五条 在集体合同有效期内,由于环境和条件发生变化,致使集体合同难以履行时,双方均有权要求就变更或解除集体合同进行协商。

当一方就集体合同的变更或解除提出协商要求时，双方应当在7日内进行协商。

第二十六条　变更或解除集体合同，应当经双方协商一致，并制作《变更(解除)集体合同说明书》。

第二十七条　发生下列情况之一，集体合同的相应条款可以变更或解除：

(一)订立集体合同所依据的法律、法规和政策被修改或废止；

(二)订立集体合同所依据的国家宏观调控的政策措施被修改或取消；

(三)因不可抗力的原因使集体合同全部不能履行或部分不能履行；

(四)企业破产、停产、兼并、转产，使集体合同全部不能履行或部分不能履行；

(五)双方约定的变更或解除集体合同的条件出现；

(六)其他需要变更或解除集体合同的情况出现。

第二十八条　变更或解除集体合同的程序：

(一)一方提出建议，向对方说明需要变更或解除的集体合同的条款和理由；

(二)双方就变更或解除的集体合同条款经协商一致，达成书面协议；

(三)协议书应当提交职工代表大会或全体职工审议通过，并报送集体合同管理机关登记备案，审议未获通过，由双方重新协商；

(四)变更或解除集体合同的协议书，在报送劳动行政部门的同时，企业工会报送上一级工会。

第二十九条　集体合同期限届满或双方约定的终止条件出现，集体合同即行终止。

集体合同期满前，企业工会应当会同企业商定续订下期集体合同事项。

第六章　集体合同的监督检查

第三十条　企业工会应当定期组织有关人员对集体合同的履行情况进行监督检查，发现问题后，及时与企业协商解决。

第三十一条　企业工会可以与企业协商，建立集体合同履行的联合监督检查制度,定期或不定期对履行集体合同的情况进行监督检查。

第三十二条　工会小组和车间工会应当及时向企业工会报告集体合同在本班组和车间的履行情况。

第三十三条　职工代表大会有权对集体合同的履行实行民主监督。

企业工会应当定期向职工代表大会或全体职工通报集体合同的履行情况,组织职工代表对集体合同的履行进行监督检查。

第七章　上级工会的职责

第三十四条　上级工会对企业工会与企业进行平等协商和签订集体合同负有帮助、指导和监督检查的责任。

上级工会根据企业工会的要求,可以派工作人员作为顾问参与平等协商,帮助企业工会签订集体合同。

第三十五条　上级工会收到企业工会报送的集体合同文本,应当进行审查、登记、备案。

第三十六条　上级工会在审查集体合同时,如发现问题,应当及时通知企业工会,并协同同级劳动行政部门协调解决。

第三十七条　上级工会应当参与处理平等协商和签订集体合同中出现的争议。

第三十八条　对尚未建立工会的企业,上级工会在组织职工依法组建工会的同时,帮助、指导职工与企业进行平等协商、签订集体合同。

第八章　集体合同争议处理

第三十九条　工会与企业因签订集体合同发生争议,应当协商解决。协商解决不成的,提请上级工会和当地政府劳动行政部门协调处理。

第四十条　县级以上工会参加同级集体合同争议协调处理机构,及时、公正地解决争议,并监督《协调处理协议书》的执行。

第四十一条　因履行集体合同发生争议,工会代表应当与企业协商解决,协商解决不成的,可以向当地劳动争议仲裁委员会申请仲裁。对仲裁委员会的裁决不服的,可以自收到仲裁裁决书之日起15日内向人民法院提起诉讼。

第九章　附　　则

第四十二条　事业单位工会与行政进行平等协商签订集体合同以及因签订和履行集体合同发生争议,依照本办法执行。

工会参与劳动争议处理试行办法

(1995年8月17日中华全国总工会发布)

第一章　总　　则

第一条　为指导工会参与处理劳动争议,维护劳动者合法权益,协调劳动关系,促进企业发展,根据《中华人民共和国工会法》、《中华人民共和国劳动法》和《中华人民共和国企业劳动争议处理条例》,制定本办法。

第二条　本办法适用于工会参与处理下列劳动争议:

(一)因用人单位开除、除名、辞退职工和职工辞职、自动离职发生的争议;

(二)因履行、变更、解除劳动合同发生的争议;

(三)因签订或履行集体合同发生的争议;

(四)因执行国家有关工作时间和休息休假、工资、劳动安全卫生、女职工和未成年工特殊保护、职业培训、社会保险和福利的规定发生的争议;

(五)法律、法规规定的其他劳动争议。

第三条 工会参与处理劳动争议应当遵循下列原则：

（一）依据事实和法律，及时公正处理；

（二）当事人在适用法律上一律平等；

（三）预防为主、基层为主、调解为主；

（四）尊重当事人申请仲裁和诉讼的权利；

（五）坚持劳动争议处理的三方原则。

第四条 工会依法参加劳动争议协商、调解、仲裁工作。

职工因劳动权益受到侵犯向人民法院起诉的，工会应当给予支持和帮助。

第五条 参加劳动争议调解、仲裁工作的工会代表应当遵纪守法、公正廉洁，不得滥用职权、徇私舞弊、收受贿赂、泄露秘密和个人隐私。

第二章 参与劳动争议协商

第六条 劳动争议协商是指劳动争议双方当事人就协调劳动关系、解决劳动争议进行商谈的行为。

第七条 发生劳动争议，工会可以接受职工及用人单位请求参与协商，促进争议解决。

第八条 工会发现劳动争议，应主动参与协商，及时化解矛盾。

第九条 劳动争议双方当事人经协商达成协议的，工会应当督促其自觉履行。

第十条 劳动争议双方当事人不愿协商或协商不成的，工会可以告知当事人依法申请调解或仲裁。

第三章 主持劳动争议调解

第十一条 工会应当督促、帮助用人单位依法建立劳动争议调解委员会。

劳动争议调解委员会由职工代表、用人单位代表和工会代表组成。职工代表和工会代表的人数不得少于调解委员会成员总数的2/3；女职工人数较多的单位,调解委员会成员中应当有女职工代表。

工会代表担任劳动争议调解委员会主任,主持劳动争议调解委员会工作。

劳动争议调解委员会的办事机构设在用人单位工会。

第十二条　调解委员会主任的职责:

(一)对劳动争议调解委员会无法决定是否受理的调解申请,决定是否受理;

(二)决定调解委员的回避;

(三)及时指派调解委员调解简单劳动争议;

(四)主持调解委员会会议,确定调解方案;

(五)召集有调解委员、劳动争议双方当事人参加的调解会议,依法主持调解。

第十三条　工会代表担任劳动争议调解委员的职责:

(一)依法调解本单位劳动争议;

(二)保证当事人实现自愿调解、申请回避和申请仲裁的权利;

(三)自争议发生之日起 30 日内结束调解,到期未结束的视为调解不成,告知当事人可以申请仲裁;

(四)督促劳动争议双方当事人履行调解协议;

(五)及时做好调解文书及案卷的整理归档工作;

(六)做好劳动争议预防工作。

第十四条　工会应当做好劳动争议调解委员、劳动争议调解员的培训工作,提高劳动争议调解委员会调解的法律水平和工作能力。

第十五条　劳动争议调解委员调离本单位或需要调整时,由原推选单位或组织在 30 日内依法推举或指定人员补齐。调解委员调离或调整超过半数以上的,应按规定程序重新组建。

第十六条　上级工会指导下级工会的劳动争议调解工作。

劳动争议调解委员会接受劳动争议仲裁委员会的业务指导。

第十七条　工会可以在城镇和乡镇企业集中的地方设立区域性劳动争议调解指导委员会。区域性劳动争议调解指导委员会可以邀请劳动行政部门的代表和社会有关人士参加。

区域性劳动争议调解指导委员会名单报上级地方总工会和劳动争议仲

裁委员会备案。

第十八条 区域性劳动争议调解指导委员会指导本区域内劳动争议调解委员会的调解工作,并调解未设调解组织的用人单位的劳动争议。

第四章 参加劳动争议仲裁

第十九条 劳动争议仲裁委员会中工会代表的职责:

(一)担任劳动争议仲裁委员会副主任和委员,参与处理本委员会管辖范围内的劳动争议案件;

(二)按时参加仲裁委员会会议,遇特殊情况不能到会的,应出具委托书,委托本组织其他人员出席会议;

(三)对仲裁裁决意见依法行使表决权;

(四)参与研究处理有重大影响的案件和仲裁庭提交的重大疑难案件,参与审查、批准案情复杂,需要延期处理的案件;

(五)对应当受理未予受理的案件,有权提请仲裁委员会依法受理;

(六)对已经发生法律效力的仲裁裁决发现确有错误、需要重新处理的,应当要求仲裁委员会主任提交仲裁委员会重新处理;

(七)对受理的集体劳动争议及本地区有影响的个人劳动争议案件,及时向本级及上级工会书面报告。

第二十条 工会工作者依法取得仲裁员资格,由劳动争议仲裁委员会聘为兼职仲裁员的,所在单位应支持其参加劳动争议仲裁活动。

第二十一条 工会工作者担任兼职仲裁员,在执行仲裁公务时与专职仲裁员享有同等权利。

第二十二条 工会工作者担任兼职仲裁员,应当认真履行《劳动争议仲裁委员会组织规则》规定的仲裁员职责。

第五章 代理职工参与诉讼

第二十三条 县和县以上各级工会组织可以建立法律咨询服务机构,为保护职工和工会组织的合法权益提供服务。

第二十四条 工会法律服务机构可以接受职工当事人的委托,代理职工参与劳动争议诉讼。

工会法律服务机构接受职工当事人的代理申请后,应当指派代理人,指派的代理人应征得委托人同意。

第二十五条 工会法律服务机构代理职工参与诉讼,应当由委托人向仲裁委员会或人民法院提交由委托人签名或盖章的授权委托书。

第六章 参与处理集体劳动争议

第二十六条 发生集体劳动争议,用人单位工会应当及时向上级工会报告,依法参与处理。

工会参与处理集体劳动争议,应积极反映职工的正当要求,维护职工合法权益。

第二十七条 因集体劳动争议导致停工、怠工的,工会应当及时与有关方面协商解决,协商不成的,按集体劳动争议处理程序解决。

第二十八条 因签订和履行集体合同发生争议,用人单位工会可以就解决争议问题与用人单位平等协商。

第二十九条 因签订集体合同发生争议,当事人双方协商解决不成的,用人单位工会应当提请上级工会协同政府劳动行政部门协调处理。

第三十条 因履行集体合同发生争议,当事人双方协商解决不成的,可以向劳动争议仲裁委员会申请仲裁;对仲裁裁决不服的,可以自收到仲裁裁决书之日起 15 日内向人民法院提起诉讼。上级工会依法律法规的规定及本办法参与处理。

基层工会经费收支管理办法

（2017年12月15日中华全国总工会办公厅发布）

第一章 总 则

第一条 为加强基层工会收支管理，规范基层工会经费使用，根据《中华人民共和国工会法》和《中国工会章程》《工会会计制度》《工会预算管理办法》的有关规定，结合中华全国总工会（以下简称"全国总工会"）贯彻落实中央有关规定的相关要求，制定本办法。

第二条 本办法适用于企业、事业单位、机关和其他经济社会组织单独或联合建立的基层工会委员会。

第三条 基层工会经费收支管理应遵循以下原则：

（一）遵纪守法原则。基层工会应依据《中华人民共和国工会法》的有关规定，依法组织各项收入，严格遵守国家法律法规，严格执行全国总工会有关制度规定，严肃财经纪律，严格工会经费使用，加强工会经费收支管理。

（二）经费独立原则。基层工会应依据全国总工会关于工会法人登记管理的有关规定取得工会法人资格，依法享有民事权利、承担民事义务，并根据财政部、中国人民银行的有关规定，设立工会经费银行账户，实行工会经费独立核算。

（三）预算管理原则。基层工会应按照《工会预算管理办法》的要求，将单位各项收支全部纳入预算管理。基层工会经费年度收支预算（含调整预算）需经同级工会委员会和工会经费审查委员会审查同意，并报上级主管工会批准。

（四）服务职工原则。基层工会应坚持工会经费正确的使用方向，优化工会经费支出结构,严格控制一般性支出,将更多的工会经费用于为职工服务和开展工会活动,维护职工的合法权益,增强工会组织服务职工的能力。

(五)勤俭节约原则。基层工会应按照党中央、国务院关于厉行勤俭节约反对奢侈浪费的有关规定,严格控制工会经费开支范围和开支标准,经费使用要精打细算,少花钱多办事,节约开支,提高工会经费使用效益。

(六)民主管理原则。基层工会应依靠会员管好用好工会经费。年度工会经费收支情况应定期向会员大会或会员代表大会报告,建立经费收支信息公开制度,主动接受会员监督。同时,接受上级工会监督,依法接受国家审计监督。

第二章　工会经费收入

第四条　基层工会经费收入范围包括:

(一)会费收入。会费收入是指工会会员依照全国总工会规定按本人工资收入的5‰向所在基层工会缴纳的会费。

(二)拨缴经费收入。拨缴经费收入是指建立工会组织的单位按全部职工工资总额2%依法向工会拨缴的经费中的留成部分。

(三)上级工会补助收入。上级工会补助收入是指基层工会收到的上级工会拨付的各类补助款项。

(四)行政补助收入。行政补助收入是指基层工会所在单位依法对工会组织给予的各项经费补助。

(五)事业收入。事业收入是指基层工会独立核算的所属事业单位上缴的收入和非独立核算的附属事业单位的各项事业收入。

(六)投资收益。投资收益是指基层工会依据相关规定对外投资取得的收益。

(七)其他收入。其他收入是指基层工会取得的资产盘盈、固定资产处置净收入、接受捐赠收入和利息收入等。

第五条　基层工会应加强对各项经费收入的管理。要按照会员工资收入和规定的比例,按时收取全部会员应交的会费。要严格按照国家统计局公布的职工工资总额口径和所在省级工会规定的分成比例,及时足额拨缴工会经费;实行财政划拨或委托税务代收部分工会经费的基层工会,应加强与本单位党政部门的沟通,依法足额落实基层工会按照省级工会确定的留成比例应当留成的经费。要统筹安排行政补助收入,按照预算确定的用途开支,不得将与工会无关的经费以行政补助名义纳入账户管理。

第三章 工会经费支出

第六条 基层工会经费主要用于为职工服务和开展工会活动。

第七条 基层工会经费支出范围包括:职工活动支出、维权支出、业务支出、资本性支出、事业支出和其他支出。

第八条 职工活动支出是指基层工会组织开展职工教育、文体、宣传等活动所发生的支出和工会组织的职工集体福利支出。包括:

(一)职工教育支出。用于基层工会举办政治、法律、科技、业务等专题培训和职工技能培训所需的教材资料、教学用品、场地租金等方面的支出,用于支付职工教育活动聘请授课人员的酬金,用于基层工会组织的职工素质提升补助和职工教育培训优秀学员的奖励。

对优秀学员的奖励应以精神鼓励为主、物质激励为辅。授课人员酬金标准参照国家有关规定执行。

(二)文体活动支出。用于基层工会开展或参加上级工会组织的职工业余文体活动所需器材、服装、用品等购置、租赁与维修方面的支出以及活动场地、交通工具的租金支出等,用于文体活动优胜者的奖励支出,用于文体活动中必要的伙食补助费。

文体活动奖励应以精神鼓励为主、物质激励为辅。奖励范围不得超过参与人数的三分之二;不设置奖项的,可为参加人员发放少量纪念品。

文体活动中开支的伙食补助费,不得超过当地差旅费中的伙食补助标准。

基层工会可以用会员会费组织会员观看电影、文艺演出和体育比赛等,开展春游秋游,为会员购买当地公园年票。会费不足部分可以用工会经费弥补,弥补部分不超过基层工会当年会费收入的三倍。

基层工会组织会员春游秋游应当日往返,不得到有关部门明令禁止的风景名胜区开展春游秋游活动。

(三)宣传活动支出。用于基层工会开展重点工作、重大主题和重大节日宣传活动所需的材料消耗、场地租金、购买服务等方面的支出，用于培育和践行社会主义核心价值观，弘扬劳模精神和工匠精神等经常性宣传活动方面的支出，用于基层工会开展或参加上级工会举办的知识竞赛、宣讲、演讲比赛、展览等宣传活动支出。

（四）职工集体福利支出。用于基层工会逢年过节和会员生日、婚丧嫁娶、退休离岗的慰问支出等。

基层工会逢年过节可以向全体会员发放节日慰问品。逢年过节的年节是指国家规定的法定节日（即：新年、春节、清明节、劳动节、端午节、中秋节和国庆节）和经自治区以上人民政府批准设立的少数民族节日。节日慰问品原则上为符合中国传统节日习惯的用品和职工群众必需的生活用品等，基层工会可结合实际采取便捷灵活的发放方式。

工会会员生日慰问可以发放生日蛋糕等实物慰问品，也可以发放指定蛋糕店的蛋糕券。

工会会员结婚生育时，可以给予一定金额的慰问品。工会会员生病住院、工会会员或其直系亲属去世时，可以给予一定金额的慰问金。

工会会员退休离岗，可以发放一定金额的纪念品。

（五）其他活动支出。用于工会组织开展的劳动模范和先进职工疗休养补贴等其他活动支出。

第九条　维权支出是指基层工会用于维护职工权益的支出。包括：劳动关系协调费、劳动保护费、法律援助费、困难职工帮扶费、送温暖费和其他维权支出。

（一）劳动关系协调费。用于推进创建劳动关系和谐企业活动、加强劳动争议调解和队伍建设、开展劳动合同咨询活动、集体合同示范文本印制与推广等方面的支出。

（二）劳动保护费。用于基层工会开展群众性安全生产和职业病防治活动、加强群监员队伍建设、开展职工心理健康维护等促进安全健康生产、保护职工生命安全为宗旨开展职工劳动保护发生的支出等。

（三）法律援助费。用于基层工会向职工群众开展法治宣传、提供法律咨询、法律服务等发生的支出。

（四）困难职工帮扶费。用于基层工会对困难职工提供资金和物质帮助等发生的支出。

工会会员本人及家庭因大病、意外事故、子女就学等原因致困时，基层工会可给予一定金额的慰问。

（五）送温暖费。用于基层工会开展春送岗位、夏送清凉、金秋助学和冬送温暖等活动发生的支出。

（六）其他维权支出。用于基层工会补助职工和会员参加互助互济保障活动等其他方面的维权支出。

第十条　业务支出是指基层工会培训工会干部、加强自身建设以及开展业务工作发生的各项支出。包括：

（一）培训费。用于基层工会开展工会干部和积极分子培训发生的支出。开支范围和标准以有关部门制定的培训费管理办法为准。

（二）会议费。用于基层工会会员大会或会员代表大会、委员会、常委会、经费审查委员会以及其他专业工作会议的各项支出。开支范围和标准以有关部门制定的会议费管理办法为准。

（三）专项业务费。用于基层工会开展基层工会组织建设、建家活动、劳模和工匠人才创新工作室、职工创新工作室等创建活动发生的支出，用于基层工会开办的图书馆、阅览室和职工书屋等职工文体活动阵地所发生的支出，用于基层工会开展专题调研所发生的支出，用于基层工会开展女职工工作性支出，用于基层工会开展外事活动方面的支出，用于基层工会组织开展合理化建议、技术革新、发明创造、岗位练兵、技术比武、技术培训等劳动和技能竞赛活动支出及其奖励支出。

（四）其他业务支出。用于基层工会发放兼职工会干部和专职社会化工会工作者补贴，用于经上级批准评选表彰的优秀工会干部和积极分子的奖励支出，用于基层工会必要的办公费、差旅费，用于基层工会支付代理记账、中介机构审计等购买服务方面的支出。

基层工会兼职工会干部和专职社会化工会工作者发放补贴的管理办法由省级工会制定。

第十一条　资本性支出是指基层工会从事工会建设工程、设备工具购置、大型修缮和信息网络购建而发生的支出。

第十二条　事业支出是指基层工会对独立核算的附属事业单位的补助和非独立核算的附属事业单位的各项支出。

第十三条　其他支出是指基层工会除上述支出以外的其他各项支出。

包括:资产盘亏、固定资产处置净损失、捐赠、赞助等。

第十四条 根据《中华人民共和国工会法》的有关规定,基层工会专职工作人员的工资、奖励、补贴由所在单位承担,基层工会办公和开展活动必要的设施和活动场所等物质条件由所在单位提供。所在单位保障不足且基层工会经费预算足以保证的前提下,可以用工会经费适当弥补。

第四章 财务管理

第十五条 基层工会主席对基层工会会计工作和会计资料的真实性、完整性负责。

第十六条 基层工会应根据国家和全国总工会的有关政策规定以及上级工会的要求,制定年度工会工作计划,依法、真实、完整、合理地编制工会经费年度预算,依法履行必要程序后报上级工会批准。严禁无预算、超预算使用工会经费。年度预算原则上一年调整一次,调整预算的编制审批程序与预算编制审批程序一致。

第十七条 基层工会应根据批准的年度预算,积极组织各项收入,合理安排各项支出,并严格按照《工会会计制度》的要求,科学设立和登记会计账簿,准确办理经费收支核算,定期向工会委员会和经费审查委员会报告预算执行情况。基层工会经费年度财务决算需报上级工会审批。

第十八条 基层工会应加强财务管理制度建设,健全完善财务报销、资产管理、资金使用等内部管理制度。基层工会应依法组织工会经费收入,严格控制工会经费支出,各项收支实行工会委员会集体领导下的主席负责制,重大收支须集体研究决定。

第十九条 基层工会应根据自身实际科学设置会计机构、合理配备会计人员,真实、完整、准确、及时反映工会经费收支情况和财务管理状况。具备条件的基层工会,应当设置会计机构或在有关机构中设置专职会计人员;不具备条件的,由设立工会财务结算中心的乡镇(街道)、开发区(工业园区)工会实行集中核算,分户管理,或者委托本单位财务部门或经批准设立从事会计代理记账业务的中介机构或聘请兼职会计人员代理记账。

第五章 监督检查

第二十条 全国总工会负责对全国工会系统工会经费的收入、支出和使用管理情况进行监督检查。按照“统一领导、分级管理”的管理体制，省以下各级工会应加强对本级和下一级工会经费收支与使用管理情况的监督检查，下一级工会应定期向本级工会委员会和上一级工会报告财务监督检查情况。

第二十一条 基层工会应加强对本单位工会经费使用情况的内部会计监督和工会预算执行情况的审查审计监督，依法接受并主动配合国家审计监督。内部会计监督主要对原始凭证的真实性合法性、会计账簿与财务报告的准确性及时性、财产物资的安全性完整性进行监督，以维护财经纪律的严肃性。审查审计监督主要对单位财务收支情况和预算执行情况进行审查监督。

第二十二条 基层工会应严格执行以下规定：

（一）不准使用工会经费请客送礼。

（二）不准违反工会经费使用规定，滥发奖金、津贴、补贴。

（三）不准使用工会经费从事高消费性娱乐和健身活动。

（四）不准单位行政利用工会账户，违规设立“小金库”。

（五）不准将工会账户并入单位行政账户，使工会经费开支失去控制。

（六）不准截留、挪用工会经费。

（七）不准用工会经费参与非法集资活动，或为非法集资活动提供经济担保。

（八）不准用工会经费报销与工会活动无关的费用。

第二十三条 各级工会对监督检查中发现违反基层工会经费收支管理办法的问题，要及时纠正。违规问题情节较轻的，要限期整改；涉及违纪的，由纪检监察部门依照有关规定，追究直接责任人和相关领导责任；构成犯罪的，依法移交司法机关处理。

第六章 附 则

第二十四条 各省级工会应根据本办法的规定，结合本地区、本产业和本系统工作实际，制定具体实施细则，细化支出范围，明确开支标准，确定审批权限，规范活动开展。各省级工会制定的实施细则须报全国总工会备案。基层工会制定的相关办法须报上级工会备案。

第二十五条 本办法自印发之日起执行。《中华全国总工会办公厅关于加强基层工会经费收支管理的通知》（总工办发〔2014〕23号）和《全总财务部关于〈关于加强基层工会经费收支管理的通知〉的补充通知》（工财发〔2014〕69号）同时废止。

第二十六条 基层工会预算编制审批管理办法由全国总工会另行制定。

第二十七条 本办法由全国总工会负责解释。

基层工会会员代表大会条例

（2019年1月15日中华全国总工会发布）

第一章 总 则

第一条 为完善基层工会会员代表大会制度，推进基层工会民主化、规范化、法治化建设，增强基层工会政治性、先进性、群众性，激发基层工会活力，发挥基层工会作用，根据《中华人民共和国工会法》《中国工会章程》等有关规定，制定本条例。

第二条 本条例适用于企业、事业单位、机关、社会团体和其他社会组织单独或联合建立的基层工会组织。

乡镇（街道）、开发区（工业园区）、村（社区）建立的工会委员会，县级以下建立的区域（行业）工会联合会，如召开会员代表大会的，依照本条例执行。

第三条 会员不足100人的基层工会组织，应召开会员大会；会员100人以上的基层工会组织，应召开会员大会或会员代表大会。

第四条 会员代表大会是基层工会的最高领导机构,讨论决定基层工会重大事项,选举基层工会领导机构,并对其进行监督。

第五条 会员代表大会实行届期制,每届任期三年或五年,具体任期由会员代表大会决定。会员代表大会任期届满,应按期换届。遇有特殊情况,经上一级工会批准,可以提前或延期换届,延期时间一般不超过半年。

会员代表大会每年至少召开一次,经基层工会委员会、三分之一以上的会员或三分之一以上的会员代表提议,可以临时召开会员代表大会。

第六条 会员代表大会应坚持党的领导,坚持民主集中制,坚持依法规范,坚持公开公正,切实保障会员的知情权、参与权、选举权、监督权。

第七条 基层工会召开会员代表大会应向同级党组织和上一级工会报告。换届选举、补选、罢免基层工会委员会组成人员的,应向同级党组织和上一级工会书面报告。

上一级工会对下一级工会召开会员代表大会进行指导和监督。

第二章 会员代表大会的组成和职权

第八条 会员代表的组成应以一线职工为主,体现广泛性和代表性。中层正职以上管理人员和领导人员一般不得超过会员代表总数的20%。女职工、青年职工、劳动模范(先进工作者)等会员代表应占一定比例。

第九条 会员代表名额,按会员人数确定:

会员100至200人的,设代表30至40人;

会员201至1000人的,设代表40至60人;

会员1001至5000人的,设代表60至90人;

会员5001至10000人的,设代表90至130人;

会员10001至50000人的,设代表130至180人;

会员50001人以上的,设代表180至240人。

第十条 会员代表的选举和会议筹备工作由基层工会委员会负责,新成立基层工会的由工会筹备组负责。

第十一条 会员代表大会根据需要,可以设立专门工作委员会(小组),负责办理会员代表大会交办的具体事项。

第十二条 会员代表大会的职权是:

（一）审议和批准基层工会委员会的工作报告；

（二）审议和批准基层工会委员会经费收支预算决算情况报告、经费审查委员会工作报告；

（三）开展会员评家，评议基层工会开展工作、建设职工之家情况，评议基层工会主席、副主席履行职责情况；

（四）选举和补选基层工会委员会和经费审查委员会组成人员；

（五）选举和补选出席上一级工会代表大会的代表；

（六）罢免其所选举的代表、基层工会委员会组成人员；

（七）讨论决定基层工会其他重大事项。

第三章 会员代表

第十三条 会员代表应由会员民主选举产生，不得指定会员代表。劳务派遣工会员民主权利的行使，如用人单位工会与用工单位工会有约定的，依照约定执行；如没有约定或约定不明确的，在劳务派遣工会员会籍所在工会行使。

第十四条 会员代表应具备以下条件：

（一）工会会员，遵守工会章程，按期缴纳会费；

（二）拥护党的领导，有较强的政治觉悟；

（三）在生产、工作中起骨干作用，有议事能力；

（四）热爱工会工作，密切联系职工群众，热心为职工群众说话办事；

（五）在职工群众中有一定的威信，受到职工群众信赖。

第十五条 会员代表的选举，一般以下一级工会或工会小组为选举单位进行，两个以上会员人数较少的下一级工会或工会小组可作为一个选举单位。

会员代表由选举单位会员大会选举产生。规模较大、管理层级较多的单位，会员代表可由下一级会员代表大会选举产生。

第十六条 选举单位按照基层工会确定的代表候选人名额和条件，组织会员讨论提出会员代表候选人，召开有三分之二以上会员或会员代表参加的大会，采取无记名投票方式差额选举产生会员代表，差额率不低于15%。

第十七条 会员代表候选人，获得选举单位全体会员过半数赞成票时，方能当选;由下一级会员代表大会选举时,其代表候选人获得应到会代表人数过半数赞成票时,方能当选。

第十八条 会员代表选出后,应由基层工会委员会或工会筹备组,对会员代表人数及人员结构进行审核,并对会员代表进行资格审查。

符合条件的会员代表人数少于原定代表人数的,可以把剩余的名额再分配,进行补选,也可以在符合规定人数情况下减少代表名额。

第十九条 会员代表实行常任制,任期与会员代表大会届期一致,会员代表可以连选连任。

第二十条 会员代表的职责是:

(一)带头执行党的路线、方针、政策,自觉遵守国家法律法规和本单位的规章制度,努力完成生产、工作任务;

(二)在广泛听取会员意见和建议的基础上,向会员代表大会提出提案;

(三)参加会员代表大会,听取基层工会委员会和经费审查委员会的工作报告,讨论和审议代表大会的各项议题,提出审议意见和建议;

(四)对基层工会委员会及代表大会各专门委员会(小组)的工作进行评议,提出批评、建议;对基层工会主席、副主席进行民主评议和民主测评,提出奖惩和任免建议;

(五)保持与选举单位会员群众的密切联系,热心为会员说话办事,积极为做好工会各项工作献计献策;

(六)积极宣传贯彻会员代表大会的决议精神,对工会委员会落实会员代表大会决议情况进行监督检查,团结和带动会员群众完成会员代表大会提出的各项任务。

第二十一条 选举单位可单独或联合组成代表团(组),推选团(组)长。团(组)长根据会员代表大会议程,组织会员代表参加大会各项活动;在会员代表大会闭会期间,按照基层工会的安排,组织会员代表开展日常工作。

第二十二条 基层工会讨论决定重要事项,可事先召开代表团(组)长会议征求意见,也可根据需要,邀请代表团(组)长列席会议。

第二十三条 基层工会应建立会员代表调研、督查等工作制度,充分发挥会员代表作用。

第二十四条 会员代表在法定工作时间内依法参加会员代表大会及工会组织的各项活动,单位应当正常支付劳动报酬,不得降低其工资和其他福利待遇。

第二十五条 有下列情形之一的，会员代表身份自然终止：

（一）在任期内工作岗位跨选举单位变动的；

（二）与用人单位解除、终止劳动（工作）关系的；

（三）停薪留职、长期病事假、内退、外派超过一年，不能履行会员代表职责的。

第二十六条 会员代表对选举单位会员负责，接受选举单位会员的监督。

第二十七条 会员代表有下列情形之一的，可以罢免：

（一）不履行会员代表职责的；

（二）严重违反劳动纪律或单位规章制度，对单位利益造成严重损害的；

（三）被依法追究刑事责任的；

（四）其他需要罢免的情形。

第二十八条 选举单位工会或三分之一以上会员或会员代表有权提出罢免会员代表。

会员或会员代表联名提出罢免的，选举单位工会应及时召开会员代表大会进行表决。

第二十九条 罢免会员代表，应经过选举单位全体会员过半数通过；由会员代表大会选举产生的代表，应经过会员代表大会应到会代表的过半数通过。

第三十条 会员代表出现缺额，原选举单位应及时补选。缺额超过会员代表总数四分之一时，应在三个月内进行补选。补选会员代表应依照选举会员代表的程序，进行差额选举，差额率应按照第十六条规定执行。补选的会员代表应报基层工会委员会进行资格审查。

第四章　会员代表大会的召开

第三十一条 每届会员代表大会第一次会议召开前，应将会员代表大会的组织机构、会员代表的构成、会员代表大会主要议程等重要事项，向同级党组织和上一级工会书面报告。上一级工会接到报告后应于15日内批复。

第三十二条　每届会员代表大会第一次会议召开前，基层工会委员会或工会筹备组应对会员代表进行专门培训，培训内容应包括工会基本知识、会员代表大会的性质和职能、会员代表的权利和义务、大会选举办法等。

第三十三条　会员代表全部选举产生后，应在一个月内召开本届会员代表大会第一次会议。

第三十四条　会员代表大会召开前，会员代表应充分听取会员意见建议，积极提出与会员切身利益和工会工作密切相关的提案，经基层工会委员会或工会筹备组审查后，决定是否列入大会议程。

第三十五条　召开会员代表大会，应提前5个工作日将会议日期、议程和提交会议讨论的事项通知会员代表。

第三十六条　每届会员代表大会第一次会议召开前，可举行预备会议，听取会议筹备情况的报告，审议通过关于会员代表资格审查情况的报告，讨论通过选举办法，通过大会议程和其他有关事项。

第三十七条　召开会员代表大会时，未当选会员代表的经费审查委员会委员、女职工委员会委员应列席会议，也可以邀请有关方面的负责人或代表列席会议。

可以邀请获得荣誉称号的人员、曾经作出突出贡献的人员作为特邀代表参加会议。

列席人员和特邀代表仅限本次会议，可以参加分组讨论，不承担具体工作，不享有选举权、表决权。

第三十八条　基层工会委员会、经费审查委员会及女职工委员会的选举工作，依照《工会基层组织选举工作条例》规定执行。

第三十九条　会员代表大会应每年对基层工会开展工作、建设职工之家和工会主席、副主席履行职责等情况进行民主评议，在民主评议的基础上，以无记名投票方式进行测评，测评分为满意、基本满意、不满意三个等次。测评结果应及时公开，并书面报告同级党组织和上一级工会。

基层工会主席、副主席测评办法应由会员代表大会表决通过，并报上一级工会备案。

第四十条　基层工会主席、副主席，具有下列情形之一的，可以罢免：

（一）连续两年测评等次为不满意的；

（二）任职期间个人有严重过失的；

(三)被依法追究刑事责任的;

(四)其他需要罢免的情形。

基层工会委员会委员具有上述(二)(三)(四)项情形的,可以罢免。

第四十一条 本届工会委员会、三分之一以上的会员或会员代表可以提议罢免主席、副主席和委员。

罢免主席、副主席和委员的,应经同级党组织和上一级工会进行考察,未建立党组织的,由上一级工会考察。经考察,如确认其不能再担任现任职务时,应依法召开会员代表大会进行无记名投票表决,应参会人员过半数通过的,罢免有效,并报上一级工会批准。

第四十二条 规模较大、人数众多、工作地点分散、工作时间不一致,会员代表难以集中的基层工会,可以通过电视电话会议、网络视频会议等方式召开会员代表大会。不涉及无记名投票的事项,可以通过网络进行表决,如进行无记名投票的,可在分会场设立票箱,在规定时间内统一投票、统一计票。

第四十三条 会员代表大会与职工代表大会应分别召开,不得互相代替。如在同一时间段召开的,应分别设置会标、分别设定会议议程、分别行使职权、分别作出决议、分别建立档案。

第四十四条 会员代表大会通过的决议、重要事项和选举结果等应当形成书面文件,并及时向会员公开。

第五章 附 则

第四十五条 除会员代表的特别规定外,召开会员大会依照本条例相关规定执行。

第四十六条 本条例由中华全国总工会负责解释。

第四十七条 本条例自发布之日起施行,以往有关规定与本条例不一致的,以本条例为准。1992 年 4 月 14 日中华全国总工会办公厅印发的《关于基层工会会员代表大会代表实行常任制的若干暂行规定》同时废止。

工会劳动法律监督办法

（2021年3月31日中华全国总工会办公厅发布）

第一章　总　　则

第一条　为保障和规范工会劳动法律监督工作，维护职工合法权益，推动构建和谐劳动关系，根据《中华人民共和国宪法》和《中华人民共和国工会法》、《中华人民共和国劳动法》及《中国工会章程》等有关规定，制定本办法。

第二条　工会劳动法律监督，是工会依法对劳动法律法规执行情况进行的有组织的群众监督，是我国劳动法律监督体系的重要组成部分。

第三条　工会劳动法律监督工作应当遵循依法规范、客观公正、依靠职工、协调配合的原则。

第四条　全国总工会负责全国的工会劳动法律监督工作。

县级以上地方总工会负责本行政区域内的工会劳动法律监督工作。

乡镇（街道）工会、开发区（工业园区）工会、区域性、行业性工会联合会等负责本区域或本行业的工会劳动法律监督工作。

用人单位工会负责本单位的工会劳动法律监督工作。

第五条　上级工会应当加强对下级工会劳动法律监督工作的指导和督促检查。

涉及工会劳动法律监督的重大事项，下级工会应当及时向上级工会报告，上级工会应当及时给予指导帮助。对上级工会交办的劳动法律监督事项，下级工会应当及时办理并报告。

第六条　工会应当积极配合有关部门，对政府部门贯彻实施劳动法律法规的情况进行监督。

第七条 有关劳动安全卫生、社会保险等各类专业监督检查,已有相关规定的,按规定执行。

第二章 监督职责

第八条 工会开展劳动法律监督,依法享有下列权利:

(一)监督用人单位遵守劳动法律法规的情况;

(二)参与调查处理;

(三)提出意见要求依法改正;

(四)提请政府有关主管部门依法处理;

(五)支持和帮助职工依法行使劳动法律监督权利;

(六)法律法规规定的其他劳动法律监督权利。

第九条 工会对用人单位的下列情况实施监督:

(一)执行国家有关就业规定的情况;

(二)执行国家有关订立、履行、变更、解除劳动合同规定的情况;

(三)开展集体协商,签订和履行集体合同的情况;

(四)执行国家有关工作时间、休息、休假规定的情况;

(五)执行国家有关工资报酬规定的情况;

(六)执行国家有关各项劳动安全卫生及伤亡事故和职业病处理规定的情况;

(七)执行国家有关女职工和未成年工特殊保护规定的情况;

(八)执行国家有关职业培训和职业技能考核规定的情况;

(九)执行国家有关职工保险、福利待遇规定的情况;

(十)制定内部劳动规章制度的情况;

(十一)法律法规规定的其他劳动法律监督事项。

第十条 工会重点监督用人单位恶意欠薪、违法超时加班、违法裁员、未缴纳或未足额缴纳社会保险费、侮辱体罚、强迫劳动、就业歧视、使用童工、损害职工健康等问题。对发现的有关问题线索,应当调查核实,督促整改,并及时向上级工会报告;对职工申请仲裁、提起诉讼的,工会应当依法给予支持和帮助。

第十一条 工会应当加强法治宣传,引导用人单位依法用工,教育职工依法理性表达合理诉求。

第十二条 工会建立隐患排查、风险研判和预警发布等制度机制,加强劳动关系矛盾预防预警、信息报送和多方沟通协商,把劳动关系矛盾风险隐患化解在基层、消除在萌芽状态。

第十三条 县级以上工会经同级人大、政协同意,可以参加其组织的劳动法律法规执法检查、视察。

第三章 监督组织

第十四条 县级以上总工会设立工会劳动法律监督委员会,在同级工会领导下开展工会劳动法律监督工作。工会劳动法律监督委员会的日常工作由工会有关部门负责。

基层工会或职工代表大会设立劳动法律监督委员会或监督小组。工会劳动法律监督委员会受同级工会委员会领导。职工代表大会设立的劳动法律监督委员会对职工代表大会负责。

工会劳动法律监督委员会任期与本级工会任期相同。

第十五条 县级以上工会劳动法律监督委员会委员由相关业务部门的人员组成,也可以聘请社会有关人士参加。

基层工会劳动法律监督委员会委员或监督小组成员从工会工作者和职工群众中推选产生。

第十六条 工会劳动法律监督委员会可以聘任若干劳动法律监督员。工会劳动法律监督委员会成员同时为本级工会劳动法律监督员。

第十七条 工会劳动法律监督员应当具备以下条件:

(一)具有较高的政治觉悟,热爱工会工作;

(二)熟悉劳动法律法规,具备履职能力;

(三)公道正派,热心为职工群众说话办事;

(四)奉公守法,清正廉洁。

第十八条 工会劳动法律监督员实行先培训合格、后持证上岗制度。工会劳动法律监督员由县级以上总工会负责培训,对考核合格的,颁发《工会劳动法律监督员证书》。证书样式由中华全国总工会统一制定。

第十九条 各级工会应当建立有关制度和信息档案,对工会劳动法律监督员进行实名制管理,具体工作由工会有关部门负责。

第二十条 工会可以聘请人大代表、政协委员、专家学者、社会人士等作为本级工会劳动法律监督委员会顾问,也可以通过聘请律师、购买服务等方式为工会劳动法律监督委员会提供法律服务。

第四章 监督实施

第二十一条 基层工会对本单位遵守劳动法律法规的情况实行监督,对劳动过程中发生的违反劳动法律法规的问题,应当及时向生产管理人员提出改进意见;对于严重损害劳动者合法权益的行为,基层工会在向单位行政提出意见的同时,可以向上级工会和当地政府有关主管部门报告,提出查处建议。

第二十二条 职工代表大会设立的劳动法律监督委员会,对本单位执行劳动法律法规的情况进行监督检查,定期向职工代表大会报告工作,针对存在的问题提出意见或议案,经职工代表大会作出决议,督促行政方面执行。

第二十三条 工会建立健全劳动法律监督投诉制度,对实名投诉人个人信息应当予以保密。

第二十四条 上级工会收到对用人单位违反劳动法律法规行为投诉的,应当及时转交所在用人单位工会受理,所在用人单位工会应当开展调查,于三十个工作日内将结果反馈职工与上级工会。对不属于监督范围或者已经由行政机关、仲裁机构、人民法院受理的投诉事项,所在用人单位工会应当告知实名投诉人。

用人单位工会开展劳动法律监督工作有困难的,上级工会应当及时给予指导帮助。

第二十五条 工会在处理投诉或者日常监督工作中发现用人单位存在违反劳动法律法规、侵害职工合法权益行为的,可以进行现场调查,向有关人员了解情况,查阅、复制有关资料,核查事实。

第二十六条 工会劳动法律监督员对用人单位进行调查时,应当不少于2人,必要时上级工会可以派员参与调查。

工会劳动法律监督员执行任务时,应当将调查情况在现场如实记录,经用人单位核阅后，由调查人员和用人单位的有关人员共同签名或盖章。用人单位拒绝签名或盖章的，应当在记录上注明。

工会劳动法律监督员调查中应当尊重和保护个人信息，保守用人单位商业秘密。

第二十七条　工会主动监督中发现违反劳动法律法规、侵害职工合法权益行为的，应当及时代表职工与用人单位协商，要求整改。对于职工的投诉事项，经调查认为用人单位不存在违反劳动法律法规、侵害职工合法权益行为的，应当向职工说明；认为用人单位存在违反劳动法律法规、侵害职工合法权益行为的，应当代表职工协商解决。

第二十八条　工会对用人单位违反劳动法律法规、侵害职工合法权益的行为，经协商沟通解决不成或要求整改无效的，向上一级工会报告，由本级或者上一级工会根据实际情况向用人单位发出工会劳动法律监督书面意见。

用人单位收到工会劳动法律监督书面意见后，未在规定期限内答复，或者无正当理由拒不改正的，基层工会可以提请地方工会向同级人民政府有关主管部门发出书面建议，并移交相关材料。

第五章　监督保障

第二十九条　工会开展劳动法律监督活动所需经费纳入本级工会预算。

第三十条　地方工会可以结合实际，建立非公有制企业工会劳动法律监督员配套补助制度。

第三十一条　各级工会应当为工会劳动法律监督员履职创造必要条件。工会劳动法律监督员因依法履职受到打击报复的，有权向本级或上级工会反映，上级工会应当及时给予支持和帮助，依法维护其合法权益。

第六章　附　则

第三十二条　本办法由中华全国总工会负责解释。

第三十三条　本办法自印发之日起施行。1995 年 8 月 17 日中华全国总工会印发的《工会劳动法律监督试行办法》同时废止。